Anton Ochsenkühn

iPad mini

Der Schnelleinsteig für Apples Kultgerät

D1662104

amac
BUCH VERLAG

iPad mini
Der Schnelleinstieg für Apples Kultgerät

Copyright © 2012 by amac-buch Verlag

ISBN 978-3-95431-004-3

Konzeption/Koordination:	amac-buch Verlag
Layout und Cover:	Simone Ochsenkühn, Obergriesbach
Satz:	Johann Szierbeck, Aichach
Druck und Bindung:	deVega Medien GmbH

Trotz sorgfältigen Lektorats schleichen sich manchmal Fehler ein. Autoren und Verlag sind Ihnen dankbar für Anregungen und Hinweise!

amac-buch Verlag oHG
Erlenweg 6
D-86573 Obergriesbach
E-Mail: info@amac-buch.de
http://www.amac-buch.de
Telefon 0 82 51 /82 71 37
Telefax 0 82 51 /82 71 38

Inhalt

Inhalt

Kapitel 5 – Im Internet unterwegs – Safari 113

Kapitel 6 – In Verbindung bleiben – Kommunikation 129

Kapitel 7 – Wichtige Funktionen der integrierten Apps 167

Kapitel 8 – AirPlay, AirPrint und Datenaustausch   229

Index   253

Vorwort

Leicht, dünn, schnell …

… und so einfach zu bedienen wie das große iPad – so präsentiert sich das iPad mini. Mit etwas mehr als 300 Gramm liegt es wunderbar in der Hand und ist perfekt für jede Handtasche geeignet.

Das brillante 7,9-Zoll-Display mit seinen leuchtenden Farben eignet sich sehr gut, um Texte, Internetseiten, HD-Videos, Fotos etc. darauf zu betrachten. Und via FaceTime kann man ganz einfach mit Freunden und Bekannten per Videotelefonie in Kontakt treten. Denn die beiden integrierten Kameras dienen nicht nur dazu, Fotos zu schießen. Ebenso können Videos aufgezeichnet und direkt am iPad betrachtet werden.

Über das mitgelieferte Kabel kann das iPad mit dem Computer verbunden werden und via iTunes gelangen die Inhalte auf das iPad oder auch vom iPad zurück auf den Rechner.

Wer es lieber drahtlos mag, der verwendet die von Apple kostenfrei zur Verfügung gestellte iCloud. Einmal eingerichtet, werden damit übers Internet viele Informationen wie Termine, To-dos, Fotos, E-Mails etc. vom iPad mit anderen Geräten wie Computern (Mac oder Windows), iPhones oder dem iPod touch abgeglichen.

Von all diesen Dingen und noch einigem Mehr handelt dieses Buch. Sie erfahren, wie Sie das iPad mini Ihren Bedürfnissen entsprechend einrichten und konfigurieren können. Über die integrierten Technologien wie Siri, Ortungsdienste, systemweite Facebook-Integration werden viele Dinge nun ganz einfach erledigt. Ich zeige Ihnen, wie Sie das Beste aus Ihrem iPad herausholen.

Freuen Sie sich auf eine spannende Entdeckungsreise mit diesem Buch und Ihrem neuen iPad mini.

Anton Ochsenkühn

Im November 2012

PS: Nachdem sowohl das iPad mini, der iPod touch und das normale iPad mit dem gleichen System funktionieren, können Sie das Buch auch dann gewinnbringend einsetzen, wenn Sie kein iPad mini, sondern eines der anderen beiden Devices besitzen. :-)

Installation –
ohne geht nix!

Installation –
ohne geht nix!

Auch das iPad mini verhält sich wie ein normales iPad. Das heißt, es ist eigentlich ein Computer. Und da ein Computer über ein Betriebssystem verfügt, muss dieses vor der Verwendung des iPad mini zunächst konfiguriert werden. Das Betriebssystem auf dem iPad mini hört auf die Bezeichnung iOS. Die aktuelle Versionsnummer ist die Nummer 6.

Apple aktualisiert im Jahreszyklus sein Betriebssystem für die iPads. Die nächste Version wird vermutlich iOS 7 heissen. Keine Sorge, Sie können im Regelfall kostenlos auf die höhere Version und damit auf die neuen Funktionen updaten.

Das Betriebssystem iOS ist bereits auf Ihrem iPad vorinstalliert. Beim ersten Einschalten können Sie dieses noch mit einigen Einstellungen versehen. Wichtig ist es zu wissen, dass Sie nicht gleich alle Einstellungen beim ersten Start des iPads vornehmen müssen. Sie können jederzeit nachträglich weitere Einstellungen definieren. Ich werde Ihnen in wenigen Minuten zeigen, wo die bei der Installation eingetragenen Daten hinterlegt worden sind.

Möchten Sie zu einem späteren Zeitpunkt Ihr iPad wieder auf den Auslieferzustand zurücksetzen, so gehen Sie in den Einstellungen zu **Allgemein**, scrollen ganz nach unten, verwenden den Bereich **Zurücksetzen** und tippen dort auf **Inhalte & Einstellungen löschen**.

Via „Zurücksetzen –> Inhalte & Einstellungen löschen" wird Ihr iPad
wieder auf den Werkszustand zurückgesetzt.

So, aber nun erkläre ich Ihnen Schritt für Schritt den ersten
Start Ihres neuen iPads und die dabei notwendigen Einstellungen. Sie schalten das iPad am sogenannten Stand-by-Schalter ein,
drücken diesen etwa eine Sekunde und daraufhin erscheint ein
Apfel-Symbol auf Ihrem iPad und es startet. Sogleich werden einige Grundkonfigurationen notwendig sein:

- *Startbildschirm:* Ziehen Sie den Slider am unteren Bildschirmrand nach rechts.
- Wählen Sie nun als Sprache zum Beispiel *Deutsch* aus und
  verwenden rechts oben den Pfeil, um zum nächsten Bildschirm zu gelangen.
- *Land und Region*: Hier können Sie Deutschland auswählen
  bzw. über *Weitere zeigen* andere Länder zum Vorschein
  bringen.
- *WLAN:* Ihr iPad muss sich bei Apple registrieren. Deswegen ist es im nächsten Schritt notwendig, dass Ihr iPad
  eine Internetverbindung herstellen muss. Das kann entweder über WLAN geschehen oder aber, indem Sie per
  USB-Kabel das iPad mit Ihrem Rechner und dann mit
  iTunes verbinden. Haben Sie ein iPad mit einer SIM-Karte,
  so können Sie auch über das mobile Netzwerk die Online-
  Verbindung etablieren.

Ihr iPad muss sich registrieren und dazu benötigt es eine Internetverbindung.

Im einfachsten Fall wählen Sie also hier Ihr WLAN-Netzwerk aus, um die Verbindung zum Internet herzustellen. Via *Weiter* gelangen Sie zum nächsten Schritt, der Aktivierung des iPads, die über die Internetverbindung von ganz allein stattfindet.

■ *Ortungsdienste*: Ihr iPad kann über die Ortungsdienste Ihre Position bestimmen, das ist in sehr vielen Programmen, wie zum Beispiel in der Kamera-App oder in der App Erinnerungen, eine sehr wichtige Funktion. Auch das Programm *Karten* greift selbstverständlich auf die Ortungsdienste zu. Wenn Sie diese an der Stelle noch nicht verwenden wollen, tippen Sie auf *Ortungsdienste deaktivieren* und hernach auf *Weiter*.

Wollen Sie zu einem späteren Zeitpunkt die Ortungsdienste einschalten, so tun sie dies über **Einstellungen** –> **Datenschutz** –> **Ortungsdienste**. Und greift eine App auf die Ortungsdienste zu, so erkennen Sie das an diesem Icon in der Menüleiste des iPads: ➤

- *iPad konfigurieren*: Nun kann Ihr iPad konfiguriert werden. Das heißt, wenn Sie bereits vorher ein iPad hatten und dort Einstellungen vorgenommen haben, können Sie diese auf Ihr neues iPad übertragen. Das betrifft Einstellungen wie E-Mail, heruntergeladene und verwendete Apps, die Darstellung der Homescreens etc. Diese Einstellungen können sich entweder in der iCloud befinden oder an Ihrem Rechner in iTunes. Sofern Sie iTunes verwenden wollen, müssen Sie wieder mit dem USB-Kabel die Verbindung zu Ihrem Computer (Mac oder Windows herstellen). Das Einspielen der iCloud-Daten erfolgt drahtlos per WLAN.

So sieht es aus, wenn ein iPad über ein Backup von iTunes konfiguriert werden soll.

Genauso verhält es sich, wenn Sie iCloud verwenden. Auch dort bekommen Sie eine Liste all der zur Verfügung stehenden Backups.

 Wir werden später noch darüber sprechen, wie man ein Backup erzeugt und dieses auf neue Geräte übernimmt.

Wir tun nun so, als hätten Sie das iPad neu erworben und wollten dieses als neues, jungfräuliches iPad verwenden. So aktivieren wir *Als neues iPad konfigurieren* und via *Weiter* geht es zum nächsten Bildschirm.

- *Apple-ID*: Jetzt kommt eine sehr wichtige Grundeinstellung für Ihr nagelneues iPad, die sogenannte Apple-ID. Mit der Apple-ID bekommen Sie Zugriff auf die verschiedenen Stores von Apple. Das ist zum Beispiel der iBook Store, der App Store, der iTunes Store etc. Aber auch Zusatzfunktionen wie iCloud, Nachrichten (iMessages), FaceTime usw. sind mit der Apple-ID verbunden. Wenn Sie also bereits über eine Apple-ID verfügen, tragen Sie diese bei *Mit einer Apple-ID anmelden* ein.

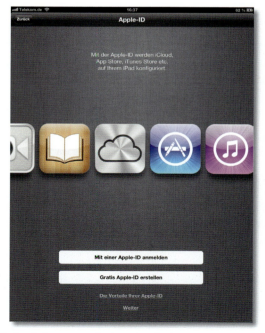

Das iPad möchte nun mit einer Apple-ID ausgestattet werden.

1

Sie können sich aber in dem Bildschirm auch eine komplett neue Apple-ID anlegen bzw. über *Weiter* ohne Apple-ID arbeiten.

> **!** Wenn Sie später eine Apple-ID beantragen, muss diese an verschiedenen Stellen in den **Einstellungen** eingetragen werden, wie zum Beispiel bei **FaceTime**, **Nachrichten**, **iTunes & App Store** etc.

Sofern Sie also über eine Apple-ID verfügen, sollten Sie diese nun eintragen, um bereits gewisse Grundeinstellungen an Ihrem iPad vorzunehmen.

> **!** Sofern Sie bereits über ein iPhone oder einen Computer verfügen, haben Sie möglicherweise eine Apple-ID, die Sie zum Einkaufen in den Apple Stores nutzen. Genau diese ID können Sie auch hier verwenden. Sie können aber natürlich auch für Ihr Gerät eine vollkommen neue ID erzeugen. Wichtig dabei ist zu wissen, dass es derzeit keine Möglichkeit gibt, über verschiedene Appel-IDs erworbene Inhalte wie Musik, Filme, Bücher etc. auf einem Gerät zum Laufen zu bringen. Das heißt also, wenn Sie an Ihrem Rechner eine andere Apple-ID verwenden als an Ihrem iPad, dann können die Daten zwischen diesen Geräten nicht ausgetauscht werden. Der Austausch funktioniert nur innerhalb der gleichen Apple-ID.

- *Nutzungsbedingungen*: Zum Schluss kommen noch die Nutzungsbedingungen, die Sie via doppeltem *Akzeptieren* bestätigen müssen. Hernach wird unter Umständen noch Ihre Apple-ID eingerichtet.
- *iCloud konfigurieren*: Haben Sie eine Apple-ID hinterlegt, dann kann nun zum Abschluss der Installation noch die

sogenannte iCloud konfiguriert werden. Über die iCloud können drahtlos Informationen, Daten usw. mit Ihrem Computer oder dem iPhone bzw. einem anderen iPad abgeglichen werden. Tippen Sie, sofern Sie das aktuell nicht möchten, auf *Nicht verwenden*.

Wenn Sie zu einem späteren Zeitpunkt die iCloud-Einstellungen eintragen wollen, so gehen Sie am iPad in die **Einstellungen** und dort zu **iCloud** und hinterlegen Sie hier Ihre Apple-ID.

- *Messaging*: Noch einmal zurück zur Eingabe der Apple-ID wenige Bildschirme weiter vorne. Wurde diese hinterlegt, so wird Ihr iPad nun noch nach den Kontaktinformationen fragen. Haben Sie keine Apple-ID eingetragen, wird auch diese Abfrage nicht auf Ihrem iPad erscheinen. Messaging ist nachträglich in den *Einstellungen –> Nachrichten* konfigurierbar.
- *Siri*: Siri ist eine äußerst nützliche Funktion auf dem iPad. Aber auch hier gilt: Sie können zu jedem späteren Zeitpunkt die Funktion *Siri* aktivieren und auf Ihrem iPad testen und verwenden. Tippen Sie also beispielsweise auf *Siri nicht verwenden*, wenn Sie es aktuell nicht im Einsatz haben möchten.

Um Siri später zu aktivieren, gehen Sie in den **Einstellungen** bei **Allgemein** zum Eintrag **Siri**.

- *Diagnose*: Gleich haben Sie es geschafft. Wählen Sie hier noch, ob im Bereich *Diagnose und Nutzung* Daten an Apple zurückgesendet werden sollen. Möchten Sie das nicht haben, tippen Sie schlicht und ergreifend auf *Nicht senden*.

Ja, das war's, nun ist Ihr iPad grundkonfiguriert, sowohl das Betriebssystem als auch die wichtigsten Applikationen sind jetzt auf Ihrem iPad verfügbar und Sie können sofort mit dem iPad arbeiten.

So sieht das iPad nach erfolgreicher Installation aus.
Das ist der Home-Bildschirm mit den standardmäßig mitgelieferten
Programmen (Apps).

Weitere wichtige Grundeinstellungen

Softwareaktualisierung

Wie bereits vorhin besprochen, ist das iPad ein Computer und auch die iPads bekommen immer wieder aktuellere Software. Damit Sie auf Ihrem iPad immer den aktuellen Stand haben, sollten Sie ab und zu in den *Einstellungen* bei *Allgemein,* den Eintrag *Softwareaktualisierung* aufrufen.

Via „Allgemein"–> „Softwareaktualisierung" können Sie Ihr iPad immer up to date halten. Um ein Update einspielen zu können, muss das iPad mindestens zu 50 Prozent geladen oder an die Stromversorgung angeschlossen sein.

Name des iPads

Via *Einstellungen –> Allgemein –> Info –> Name* können Sie Ihrem iPad einen eigenen Namen geben. Dieser wird beispielsweise angezeigt, wenn Sie das iPad mit iTunes verbinden.

SIM-Karte einsetzen

Jetzt wäre auch ein guter Zeitpunkt, die SIM-Karte in Ihr neues
iPad einzusetzen. Dazu wurde beim iPad eine kleine Klammer
mitgeliefert, um den Schacht für das Einsetzen der SIM-Karte
zu öffnen.

 Das iPad mini benötigt eine sogenannte Nano-SIM-Karte, wohingegen das reguläre iPad eine Micro-SIM-Karte verwendet.
Sie sollten sich also für Ihr Gerät die passende SIM-Karte
besorgen.

Gleich nach erfolgreichem Einlegen der Karte wird die PIN
abgefragt. Diese finden Sie in den Unterlagen, die Sie mit Ihrer
SIM-Karte bekommen haben. Damit Sie in Zukunft diese
SIM-Abfrage umgehen können, sollten Sie danach in den *Einstellungen* den Eintrag *Mobile Daten* aufrufen und dort *SIM-PIN*
anwählen und den Schieberegler auf *Aus* schieben und ein letztes
Mal die richtige PIN eintragen.

So unterbinden Sie die PIN-Abfrage bei einem 3G/LTE-iPad.

Die Einträge *Mobile Daten*, *Netzbetreiber* und *Persönlicher Hotspot*
sind nur auf iPads verfügbar, bei denen eine SIM-Karte eingelegt
werden kann. WLAN-iPad-Modelle haben diese Einträge in den
Einstellungen demzufolge also nicht.

> **!**
>
> Sie sehen übrigens in der Menüleiste Ihres iPads, wie Sie mit dem Internet verbunden sind. Haben Sie eine SIM-Karte eingesteckt, erscheint dort Ihr Provider, wie zum Beispiel Vodafone, Telekom.de etc. Und neben dem Symbol finden Sie Icons, die etwas über die Geschwindigkeit aussagen. Dabei steht **E** für Edge, der Kreis **O** für GPRS, **3G** für UMTS bzw. HSDPA und **LTE** für die derzeit schnellste Verbindung mit dem Internet. Die LTE-Verbindung ist derzeit in Deutschland nur den Kunden der deutschen Telekom vorbehalten. In Österreich und Schweiz ist zur Drucklegung des Buchs noch nicht bekannt, wer dies zur Verfügung stellen wird.

Generell gilt übrigens: Wenn Ihr iPad sowohl über WLAN in das Internet gelangen kann als auch über die SIM-Karte, so wird WLAN bevorzugt. Erst sobald WLAN nicht mehr zur Verfügung steht, wird auf das im Regelfall langsamere mobile Daten-Netzwerk zurückgegriffen.

WLAN

Im Regelfall wird Ihr iPad also über WLAN ins Internet gelangen. Die notwendigen Einstellungen hierzu finden Sie bei *Einstellungen* unter *WLAN*. Besonders nützlich kann es sein, die Eigenschaften *Auf Netze hinweisen* zu aktivieren.

*„Auf Netze hinweisen" bringt Ihnen automatisch eine Meldung,
sobald ein WLAN-Netzwerk verfügbar ist.*

Wie Sie anhand des Bildschirmfotos sehen, ist das Netzwerk
amac_tc mit einem Schloss versehen. Das heißt, hier ist die Eingabe eines Kennworts notwendig, das Sie möglicherweise bereits
während der Installation eingetragen haben. Manche Netzwerke
müssen die sogenannte MAC-Adresse eines Geräts wissen, um
die Internetverbindung herstellen zu können. Eine MAC-Adresse
ist für jedes internetfähige Gerät eine einmalige Seriennummer.
Auch Ihr iPad verfügt über diese Nummer. Sie finden die MAC-Adresse in den *Einstellungen,* dort unter *Allgemein*, bei *Info* und
sie nennt sich *WLAN-Adresse*. Die dort hinterlegte Information
geben Sie an die Person weiter, die sich um den WLAN-Router
kümmert und sogleich kann Ihr iPad dann auch problemfrei ins
Internet gelangen.

Persönlicher Hotspot

Wie eben erwähnt, verfügt Ihr iPad über verschiedene Möglichkeiten, um ins Internet zu gelangen: zum Beispiel per WLAN oder per 3G/LTE. Sofern es Ihr Vertrag erlaubt, können Sie diesen Internetzugang mit anderen Geräten teilen. Diese Funktion nennt sich *Persönlicher Hotspot* und ist in den Einstellungen zu finden. Sobald Sie diese Funktion aktivieren, stellt Ihr iPad im Regelfall per WLAN seine Internetverbindung auch für andere internetfähige Geräte wie für Computer etc. zur Verfügung.

Via „Persönlicher Hotspot" kann das iPad seine Internetverbindung auch anderen Geräten zur Verfügung stellen.

Die Eigenschaft *Persönlicher Hotspot* ist, wie eben erwähnt, im einfachsten Fall per WLAN anzuwenden. Sie können die Internetverbindung ebenfalls über Bluetooth oder per Kabel via USB an einen Computer weiterreichen.

Bluetooth

Bluetooth ist eine weitere sehr einfache Möglichkeit, um gewisse Gerätetypen drahtlos mit dem iPad in Verbindung zu bringen. Die Bluetooth-Konfigurationen finden Sie erneut in den *Einstellungen*. *Bluetooth* sollte standardmäßig aktiviert sein.

Andernfalls tippen Sie einmal auf den Schieberegler, um Bluetooth zu aktivieren.

   Und sogleich wird Ihr iPad darunter im Bereich *Geräte* nach anderen Devices in seiner Reichweite suchen, die ebenfalls Bluetooth aktiviert haben. Dies kann zum Beispiel eine Bluetooth-Tastatur oder auch ein Bluetooth-Kopfhörer sein.

Bedenken Sie, dass Bluetooth Energie benötigt, das heißt, die Verwendung von Bluetooth-Verbindungen mit anderen Geräten kostet Ihrem iPad Akkulaufzeit. Deaktivieren Sie also bei Nichtverwendung Bluetooth, um die Akkulaufzeit zu erhöhen.

Sicher ist sicher: Code-Sperre

Sie möchten sicher nicht, dass sich Unberechtigte an Ihrem iPad zu schaffen machen. Gehen Sie also nach erfolgreicher Konfiguration in den *Einstellungen –> Allgemein* zu *Code-Sperre* (4-stellige Zahl) und aktivieren diese Eigenschaft.

Eine Code-Sperre verhindert unautorisierten Zugriff auf Ihr iPad.

Sie sehen dort auch den Schieberegler *Einfacher Code*. Ein einfacher Code besteht aus einer vierstelligen Ziffernkombination. Sofern Sie *Einfacher Code* deaktivieren, können Sie eine beliebige Text- und Zahlenkombination hinterlegen.

Ausschalten versus Ruhezustand

Wir haben nun die wichtigsten Einstellungen Ihres neuen iPads vorgenommen. Eine kleine Pause wäre nun angebracht. Wie aber soll das Gerät in den Pause-Modus gebracht werden? Nun, wir verwenden dazu den Stand-by-Schalter. Wenn Sie diesen kurz drücken, wird Ihr Gerät in den sogenannten Ruhemodus fallen. Es ist somit quasi eingeschaltet, und jederzeit wieder in Bereitschaft. Durch einmaliges Drücken auf die Home-Taste wird Ihr Gerät aufwachen.

Via „Entsperren" ist Ihr Gerät wieder betriebsbereit.

Logischerweise wird Ihr iPad in diesem Ruhezustand weiterhin Energie benötigen. Für längere Pausen drücken Sie etwa zwei Sekunden den Stand-by-Schalter und ziehen den Schieberegler *Ausschalten* von links nach rechts.

Via „Ausschalten" wird Ihr iPad komplett ausgeschaltet.

Wenn Sie das iPad ausgeschaltet haben, müssen Sie hernach das Betriebssystem wieder starten, um Ihr iPad einsatzbereit zu machen. Dazu betätigen Sie wieder etwa zwei Sekunden den Stand-by-Schalter. Das Apfel-Logo erscheint und Ihr iPad startet. Sie sehen also, dass das Versetzen in den Ruhezustand das iPad deutlich schneller reaktiviert. Sie sollten deshalb das Ausschalten nur dann verwenden, wenn Sie das iPad ganz sicher längere Zeit nicht verwenden, aber das wird kaum vorkommen. Das heißt, der Ruhezustand ist erste Wahl.

So, damit ist das iPad konfiguriert und einsatzbereit. Im zweiten Kapitel geht es nun darum, die wichtigsten Features in der Bedienung des iPads kennenzulernen.

Die wichtigsten Bedienungsfeatures in aller Kürze

Die wichtigsten Bedienungsfeatures in aller Kürze

Die Tasten des iPads

Der große Vorteil des iPads ist es, dass es nur sehr wenige Bedienungsfunktionen an der Außenseite des Geräts gibt. Und diese wollen wir uns nun in ihrer Funktion kurz ansehen. Das Auffälligste ist der sogenannte Home-Button. Über den Home-Button wird das Gerät aktiviert und Sie bekommen eine Reihe von Funktionen:

- Befindet sich Ihr Gerät im Ruhezustand, bringt ein einmaliges Tippen auf den Home-Button es aus dem Ruhezustand. Über *Entsperren* steht das Gerät wieder zum Zugriff bereit.

- Wenn Sie nun Ihren Bildschirm mit den verschiedenen Apps sehen, bringt ein einmaliges Drücken auf den Home-Button Sie zur sogenannten Spotlight-Suche. Verfügt Ihr Gerät über mehrere Homescreens, auf denen sich eine Reihe von Apps befinden, so bringt Sie das erste Drücken auf den Home-Button immer zum ersten Screen, und ein weiteres Drücken zur Suche. Von dort gelangen Sie mit einem erneuten Tipp auf den Home-Button zurück zum ersten Screen.

- Das Doppelklicken des Home-Buttons bringt die sogenannte Multitasking-Leiste zum Vorschein.

2

Die Multitasking-Leiste zeigt alle aktuell gestarteten Programme.

Aber damit nicht genug, wenn Sie nach links wischen, kommen dabei eine Reihe weiterer Funktionen, wie zum Beispiel die Steuerung der Musikausgabe, zum Vorschein.

Weitere Funktionen in der Multitasking-Leiste.

> **!**
>
> Im Bereich der Musiksteuerung befinden sich zwei sehr interessante Zusatzfunktionen. So sehen Sie ganz links die sogenannte Rotationssperre ❶, die Sie einschalten können, damit Ihr iPad nicht ständig den Bildschirm dreht, je nachdem wie Sie das iPad halten, und möglicherweise, etwa in der Mitte des Bildschirms, das sogenannte AirPlay-Icon ❷. Über AirPlay können Sie Ihren iPad-Bildschirm zum Beispiel drahtlos an das Gerät namens Apple TV weitergeben (AirPlay Mirroring) und so auf einem hochauflösenden Fernseher all die Dinge sehen, die Sie auf Ihrem iPad dargestellt bekommen. Das ist wunderbar zum Betrachten von Fotos, von Internetseiten oder auch zum Spielen von Games.

Und sicher haben Sie schon gemerkt, dass sich sowohl die Helligkeit Ihres Bildschirms ❸ als auch die Lautstärke ❹ dort ändern lassen.

Wenn Sie wieder nach rechts wischen, kommen Sie zurück zu den gestarteten Apps. Jedes Programm (App), das Sie auf dem iPad starten, wird in die sogenannte Multitasking-Leiste gelegt, denn viele Apps können im Hintergrund etwas für Sie tun. Das E-Mail-Programm zum Beispiel kann im Hintergrund für Sie E-Mails abholen. Das Programm *Erinnerungen* kann Sie im Hintergrund an wichtige To-dos erinnern und so weiter. Bisweilen kann es aber sein, dass Sie die Programme, die sich in der Multitasking-Leiste aufhalten, von dort entfernen möchten. Dazu tippen Sie mit einem Finger etwas länger auf ein Icon in der Multitasking-Leiste. Sogleich beginnen die Icons zu wackeln. Mit einem Fingertipp auf das Minus, das dabei erscheint, wird das Programm aus der Multitasking-Leiste entfernt.

Über das Minus werden Programme aus der Multitasking-Leiste entfernt.

Damit sind die Programme quasi nicht mehr im Hintergrund gestartet. Wenn Sie das Programm über den Bildschirm aufrufen, wird es sich dennoch wieder dort präsentieren, wo Sie es zuletzt geschlossen hatten, nur dass eben in der Zwischenzeit keine Funktionen ausgeführt werden konnten.

So viel zu den Funktionen des Home-Buttons. Sie sehen, der Home-Button ist auf der Vorderseite des Geräts der einzige Button, der zur Verfügung steht. Er verfügt über eine ganze Reihe von sehr interessanten Funktionen. Aber es gibt noch einiges mehr.

Stand-by-Button

Seitenschalter   **Laut-Leise-Schalter**

- *Stand-by-Button:* Über den Stand-by-Button können Sie das laufende Gerät durch kurzes Antippen in den Ruhezustand bringen, wie wir es bereits in Kapitel 1 besprochen haben. Längeres Drücken bringt das iPad dazu, Sie zu fragen, ob es ausgeschaltet werden soll. Das erneute Einschalten wird wieder durch längeres Drücken auf den Stand-by-Button erfolgen.

- *Laut-Leise-Schalter:* Völlig richtig, über die Laut-Leise-Schalter können Sie die Lautsprecherausgabe Ihres iPads steuern. Dabei können Sie durch Antippen, die Lautstärke jeweils um ein Pünktchen erhöhen oder verringern. Noch besser ist es, wenn Sie mit dem Finger länger auf diesem Schaltern bleiben, so wird komplett still bzw. auf volle Lautstärke geschaltet.

- *Seitenschalter:* Der Schalter oberhalb der Lautstärke-Schalter kann zwei Funktionen annehmen, je nachdem welche Eigenschaft Sie definiert haben. Standardmäßig schaltet er die Lautstärke auf stumm, was Sie auch an einem Icon auf Ihrem Bildschirm sehen.

Das durchgestrichene Glockensymbol sagt Ihnen, dass Sie jetzt auf lautlos geschalten haben.

Sie können diesen Schalter aber auch umprogrammieren. Wenn Sie in die *Einstellungen* gehen und dort bei *Allgemein* schauen, dann finden Sie den Eintrag *Seitenschalter*. Definieren Sie nun, ob dieser die Eigenschaft *Ton aus* oder *Ausrichtungssperre* haben soll.

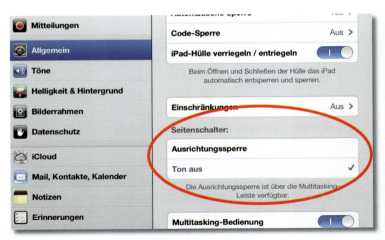

Der Seitenschalter kann zwei verschiedene Funktionen haben.

iPad und Smart Cover bzw. Smart Case

Sofern Sie zum Schutz der Oberfläche des iPads ein sogenanntes Smart Cover oder Smart Case verwenden, ist dieses nicht nur eine mechanische Schutzfunktion für Ihr Display, sondern dieses Smart Cover kann zudem mit einer Funktion beaufschlagt werden. Wenn Sie das Smart Cover auf das iPad legen, kann dieses so in den Ruhezustand befördert werden.

Die iPad-Hülle kann Ihr iPad automatisch in den Ruhezustand versetzen und es daraus erwachen lassen.

Sofern sich das Smart Cover auf Ihrem Gerät befindet, erscheint in den *Einstellungen* bei *Allgemein* dieser Eintrag.

> **!** Sie können so das iPad entweder über das Smart Cover oder auch über den Stand-by-Button in den Ruhezustand bringen. Es gibt auch eine dritte Einstellung, die den Ruhezustand betrifft: Bei **Einstellungen –> Allgemein –> Automatische Sperre** können Sie eine Zeitperiode hinterlegen, nach der Ihr iPad automatisch in den Ruhezustand übergeht.

Die automatische Sperre definiert eine Zeitperiode, nach der das iPad den Ruhezustand automatisch aktiviert.

Alles ganz einfach: Gesten

Das iPad ist deshalb so einfach zu bedienen, weil jeder mit seinen Fingern in der Lage ist, dieses iPad, also diesen Computer, zu steuern. Es sind dazu keine komplexen Befehle oder anderen Dinge notwendig. Sie haben bereits erkannt, dass durch das Antippen eines Symbols ein Programm gestartet wird oder Einstellungen aufgerufen werden.

 Sie haben auch erkannt, dass durch das Antippen eines Schiebereglers dieser von null auf eins bzw. von eins auf null zu wechseln imstande ist.

Links ist die Funktion ausgeschaltet, rechts eingeschaltet.

Sie haben bereits ganz intuitiv das Scrollen gelernt, indem Sie mit einem Finger auf dem Bildschirm nach oben oder unten wischen. Mit zwei Fingern können Sie Elemente auf dem Bildschirm vergrößern, verkleinern und bisweilen auch drehen. Aber es gibt noch weitere Gesten, die Sie Ihrem iPad beibringen und nutzbringend einsetzen können. Gehen Sie dazu erneut zu *Einstellungen –> Allgemein* und aktivieren Sie dort die *Multitasking-Bedienung*.

Über die Multitasking-Bedienung bekommen Sie weitere, sehr nützliche Gesten.

Sie sehen es bereits an dem Hinweistext. Sie können nun durch die Verwendung von vier bzw. fünf Fingern eine Reihe weiterer Funktionen sehr schnell ausüben.

- Zum Beispiel das Aufrufen der Multitasking-Leiste. Sie hatten dies vorher über ein doppeltes Antippen des Home-Buttons erreicht, aber es geht nun noch schneller. Bewegen Sie einfach vier oder fünf Finger auf dem Bildschirm nach oben und schieben so quasi von unten die Multitasking-Leiste herein.

- Befinden Sie sich aktuell in einem Programm, wie in den Einstellungen oder Notizen, dann nehmen Sie fünf Finger auf den Bildschirm, ziehen diese zusammen, um zum ersten Bildschirm zurückzukommen und das Programm temporär zu verlassen.
- Und zu guter Letzt, sollten mehrere Programme geöffnet sein, können Sie von einem Programm zum anderen wechseln, indem Sie mit vier Fingern auf Ihrem Bildschirm nach links oder rechts streichen.

Sie sehen, das iPad ist über die Multitasking-Gesten noch einmal deutlich leistungsfähiger und eleganter in der Bedienung geworden.

Die virtuelle Tastatur

Nun möchten Sie auf dem iPad auch Texte schreiben, zum Beispiel E-Mails, Nachrichten oder auch Notizen, Erinnerungen etc. Dazu muss das iPad Ihnen eine Tastatur einblenden. Diese Tastatur werde ich Ihnen jetzt anhand des Programmes Notizen näherbringen. Aktivieren Sie das Programm, indem Sie das Icon auf dem Homescreen antippen. Sogleich erscheint eine neue Notiz. Tippen Sie einmal auf diese Notiz und wenige Augenblicke später wird von unten eine Tastatur in den Bildschirm hereingeschoben.

Verwenden Sie das iPad im Querformat, dann sind die Tasten größer und vermutlich etwas einfacher zu bedienen. Oder Sie koppeln eine externe Bluetooth-Tastatur mit Ihrem iPad.

Die Tastatur im Querformat ist größer in der Darstellung und damit wohl einfacher zu bedienen.

Sicher haben Sie in der rechten unteren Ecke das kleine Icon schon erkannt. Durch Antippen dieses Icons verschwindet die Tastatur wieder von Ihrem Bildschirm. Ein erneuter Fingertipp irgendwo auf den Notizzettel bringt die Tastatur wieder zum Vorschein. Außerdem können Sie das Icon dazu verwenden, die Tastatur vom unteren Rand des Bildschirms noch oben zu ziehen und dabei in zwei Teile zu splitten.

Wenn Sie bereits mit einem Computer gearbeitet haben, dann werden Sie auf den ersten Blick erkennen, dass es an dieser Tastatur einige Dinge gibt, die anders sind als an einer regulären Computertastatur. Wollen wir uns zunächst die wichtigsten Funktionen ansehen, denn Sie werden gleich erkennen, dass eigentlich alles vorhanden ist. Man muss einfach nur wissen, wo sich diese Features befinden.

- *Umlaute:* Möglicherweise hat Ihr iPad bereits die deutsche Tastatur inklusive der Umlaute in der Darstellung. Sollte das nicht der Fall sein, können diese ganz einfach permanent in der Tastatur eingeblendet werden. Gehen Sie dazu in den *Einstellungen* über *Allgemein* zu *Tastatur*, wählen dort den Begriff *Tastaturen* aus und entscheiden sich für die Tastatur *Deutsch*, anstatt der Standardeinstellung *QWERTZ*.

Bei der Verwendung der Tastaturbelegung „Deutsch" statt „QWERTZ" bekommen Sie deutsche Umlaute permanent in der Tastatur eingeblendet.

- *Ziffern und Sonderzeichen:* Möglicherweise haben Sie in der linken unteren Ecke der Tastatur schon die Taste .?123 gesehen. Wenn Sie darauf tippen, bekommen Sie ein anderes Tastaturlayout, auf dem Sie Ziffern und wichtige Sonderzeichen sehen. Über die Taste #+= kommen weitere Sonderzeichen zum Vorschein. Über das Tippen auf die Taste ABC gelangen Sie wieder zur Grunddarstellung der Tastatur.

- *Cursor-Tasten:* Ja, Sie haben es richtig erkannt, auch die anderen Tastaturlayouts verfügen über keine Cursor- bzw. Positionierungstasten. Das regeln Sie auch ganz einfach mit dem Finger. Lassen Sie den Finger etwa eine Sekunde auf einer bestimmten Textstelle, erscheinen eine Lupe und ein senkrechter Eingabecursor, mit dem Sie nun ganz exakt an die gewünschte Stelle navigieren können.

Ihr Finger ersetzt nun die Cursortasten.

- *Backspace-Taste:* Um Text wieder zu löschen, finden Sie auf der Tastatur die Backspace-Taste ⌫ ganz rechts oben auf dem Tastaturblock. Mit diesem können Sie Text, von rechts nach links, wieder löschen. Durch Verwenden Ihres Fingers, wie gerade gesehen, können Sie den Cursor an eine beliebige Stelle setzen und von dort mit der Backspace-Taste den Löschvorgang einleiten.
- *Caps-Lock:* Wenn Sie permanent großschreiben wollen, ist das Verwenden der Shift-Taste etwas mühselig. Sie kennen vielleicht von herkömmlichen Computertastaturen die sogenannte Caps-Lock-Taste. Auch diese Funktion können Sie am iPad verwenden. Tippen Sie dazu einfach doppelt auf die Shift-Taste.

Doppeltes Tippen auf die Shift-Taste lässt diese zur Caps-Lock-Taste werden. Tippen Sie erneut einmal auf die jetzt blau dargestellte sogenannte Caps-Lock-Taste, um den Caps-Lock-Modus wieder zu verlassen.

- *Rechtschreibkorrektur, automatische Großschreibung:* Während Sie Texte schreiben, werden Sie bestimmt bemerken, dass das iPad sich wie ein normaler Computer verhält. Das heißt, auch das iPad weist Sie auf Rechtschreibfehler hin.

Das iPad zeigt einen Rechtschreibfehler an und macht einen Korrekturvorschlag.

Sie akzeptieren diesen Korrekturvorschlag, indem Sie einfach die Leertaste verwenden. Ist der Korrekturvorschlag falsch oder Sie wollen ihn nicht akzeptieren, tippen Sie auf das kleine *x* neben dem Korrekturvorschlag, um diesen abzulehnen. Möchten Sie derartige Funktionen nicht verwenden, können Sie diese ausschalten. Wählen Sie *Einstellungen –> Allgemein –> Tastatur* und deaktivieren Sie Funktionen wie *Auto-Großschreibung*, *Auto-Korrektur*, *Korrektur*.

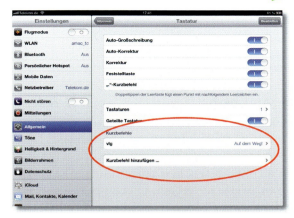

Einige Eingabeautomatismen können ganz einfach deaktiviert werden.

- Was aber ist „.“- *Kurzbefehl*? Nun, das ist eine sehr nützliche Funktion. Wenn Sie zum Beispiel im Programm Notizen zweimal schnell hintereinander die Leertaste verwenden, wird ein Punkt geschrieben und danach sogleich ein Leerschritt eingetragen. Sie sollten das einmal ausprobieren, denn das spart enorm viel Zeit und ist sehr nützlich.

- *Kurzbefehle:* Möchten Sie das Tippen weiter beschleunigen, so könnten die Kurzbefehle für Sie sehr interessant sein. Diese finden Sie wiederum bei *Einstellungen –> Allgemein –> Tastatur*. Ein Kurzbefehl ist bereits hinterlegt: Mit der Buchstabenkombination *vlg* erscheint der Text *auf dem Weg*. Wählen Sie *Kurzbefehl hinzufügen*, um einen weiteren Kurzbefehl zu definieren, wie zum Beispiel *mfg* – ausgeschrieben *Mit freundlichen Grüßen*. So können Sie in Zukunft überall, wo eine Tastatur eingeblendet wird, durch die Eingabe des Kürzels den vollständigen Text zum Vorschein bringen. Das ist beim Schreiben von E-Mails oder auch von Nachrichten eine sehr zeitsparende Funktion.

Ein Kurzbefehl kann Zeit sparen.

Um den Kurzbefehl in einem Dokument zu verwenden, tippen Sie das Kürzel ein, gefolgt von einem Leerschritt, und sogleich wird der belegte Langtext eingesetzt.

- *Weitere Sonderzeichen:* Wenn Sie noch immer nicht alle Zeichen auf Ihren Tastaturlayouts finden, dann kann es daran liegen, dass einige Zeichen sich hinter anderen verstecken, wie zum Beispiel das *ß.* Sie erreichen dieses, indem Sie etwa eine Sekunde lang auf den Buchstaben *S* tippen – daraufhin werden weitere Variationen dieses Buchstabens abhängig vom Tastaturlayout dargestellt.

Sie sehen also beim Buchstaben „S", dass dort auch das „ß"
zugänglich ist.

- *Schnelles Aufrufen von Sonderzeichen:* Angenommen Sie wollen eine E-Mail-Adresse schreiben. Dazu benötigen Sie von einem anderen Tastaturlayout das *@-Zeichen.* Sie würden also auf die Taste .?123 tippen, um dort das

@-Zeichen zu erreichen, und danach über ABC wieder auf das reguläre Tastaturlayout zurückwechseln. Das können wir beschleunigen. Wenn Sie das *@-Zeichen* benötigen und das reguläre Tastaturlayout vor sich haben, dann tippen Sie auf die Taste .?123 und bleiben mit dem Finger auf dem Bildschirm, bewegen nun den Finger auf dem Bildschirm zum *@-Zeichen* und nehmen dort den Finger vom Bildschirm. Daraufhin wird sowohl das *@-Zeichen* erscheinen als auch das iPad wieder zur vorherigen Tastaturbelegung zurückkehren.

- *Emoji:* Möchten Sie es noch etwas aufwendiger und interessanter gestalten? Dann gibt es die Möglichkeit, Bildsymbole im Text zu verwenden. Gehen Sie hierzu zu *Einstellungen –> Allgemein –> Tastatur –> Tastaturen.* Tippen Sie nun auf *Tastatur hinzufügen* und wählen etwas weiter unten in der Liste den Eintrag *Emoji-Symbole* aus.

Neben der „deutschen Tastatur" ist nun auch die „Emoji-Tastatur" verfügbar.

Um auf diese Spezialzeichen zurückgreifen zu können, erhalten Sie jetzt, weil Sie mehrere Tastaturlayouts ausgewählt haben, links neben der Leertaste ein *Weltkugelsymbol* 🌐. Über das *Weltkugelsymbol* können Sie nun zu diesen Sonderzeichen wechseln.

Über die Emoji-Symbole haben Sie Zugriff auf viele lustige Icons, die Sie als Text-Icons in Ihren Text im Rahmen von E-Mails, Nachrichten etc. einsetzen können.

Und Sie wissen ja, ein Bild sagt meist mehr als tausend Worte. :-) Übrigens: Über ein erneutes Antippen des *Weltkugelsymbols* gelangen Sie zur ursprünglichen deutschen Tastatur zurück.

Wenn Sie weitere Tastaturen hinzufügen, werden diese allesamt unter der **Weltkugel** erscheinen. Das heißt, jedes Tippen auf das **Weltkugelsymbol** auf der Tastatur bringt Sie zur nächsten aktivierten Tastatur. Um eine Tastatur wieder zu entfernen, gehen Sie in den **Einstellungen** bei **Allgemein** zu **Tastatur**, wählen **Bearbeiten**. Durch das Antippen des **Minus-Symbols** können Sie ein Tastaturlayout wieder entfernen.

Eine Tastatur kann natürlich auch wieder entfernt werden.

Siri

Aber es kommt noch viel, viel besser. Sie haben bereits jetzt zahlreiche Möglichkeiten kennengelernt, wie Sie schnell und effizient mit dem iPad umgehen können, wie Sie Gesten verwenden, wie Sie Text eintippen etc. Mit Siri erreichen Sie eine völlig neue Bedienweise für Ihr iPad. Denn Siri ist in der Lage, für Sie Dinge auf dem iPad auszuführen, aber auch Texte für Sie auf dem iPad zu erfassen. Bevor wir uns das genauer ansehen, muss Siri aktiviert werden. Hierzu sind zwei Dinge notwendig.

In den Einstellungen *Allgemein* gibt es den Eintrag *Siri*. Achten Sie darauf, dass *Siri* aktiviert ist.

Siri wird aktiviert.

Um Siri verwenden zu können, müssen Sie eine Internetverbindung haben. Diese kann per WLAN, aber auch über 3G/LTE etabliert sein, denn – und darauf weist Sie Apple im vorliegenden Bildschirm auch hin – Siri sendet zunächst einmal Ihr Gesprochenes über das Internet zu Apple. Dort wird dann eine Übersetzung stattfinden und zurück kommt der Befehl oder der Text, den Sie diktiert hatten.

Wenn Sie also damit einverstanden sind, dass das so vonstattengehen soll, tippen Sie auf *Aktivieren*, um Siri verwenden zu können.

 Achten Sie nach der Aktivierung der Siri-Funktionalität auch darauf, dass Sie die deutsche Sprache eingeschaltet haben.

Wie bereits erwähnt, kann Siri zwei Arten von Funktionen für Sie erledigen. Es kann Befehle ausführen und auch Text für Sie erfassen. Haben Sie Siri aktiviert, erscheint nun, sofern Sie über eine Internetverbindung verfügen, ein Diktiersymbol im Tastaturlayout.

Das Mikrofon-Icon weist auf die Verfügbarkeit von Siri hin.

Ist Ihr Gerät nicht mit dem Internet verbunden, wird dieses Icon hellgrau dargestellt und ist inaktiv. So, und nun kann es auch schon losgehen. Tippen Sie auf das Diktiersymbol neben der Leertaste in Ihrer Tastatur und sprechen Sie den gewünschten Text. Dabei können Sie auch Satzzeichen einsprechen, wie zum Beispiel Komma, Punkt, Ausrufezeichen, Doppelpunkt etc. Über „Neuer Absatz" wird eine neue Zeile bewirkt und Sie werden staunen, wie zielsicher Siri den Text erkennt und auf Ihrem Notizzettel wiedergibt.

Siri im Einsatz.

Um die Erkennungsqualität zu erhöhen, sollten Sie stets relativ kurze Passagen diktieren. Um das Diktat zu beenden, tippen Sie erneut auf das Mikrofonsymbol. Daraufhin wird dann der erkannte Text auf Ihrem iPad erscheinen. Selbstverständlich können Sie diesen Text Ihren Bedürfnissen entsprechend modifizieren.

Die Diktierfunktion ist in jeder App verfügbar, die auch die Tastatur aufrufen kann. Das heißt, in Programmen wie Mail, Notizen, Erinnerungen, Kalender, Safari etc. können Sie die Diktierfunktion von Siri gewinnbringend für sich nutzen. Und Sie sollten es tun, denn Siri erspart Ihnen enorm viel Zeit.

Aber damit nicht genug. Siri kann auch Funktionen für Sie aufrufen, wie zum Beispiel das Starten von Apps. Wie geht das? Ganz einfach. Drücken Sie etwa zwei Sekunden auf den Home-Button.

Längeres Drücken des Home-Buttons bringt Siri zum Vorschein.

Sagen Sie nun zum Beispiel „Öffne Notizen". Machen Sie danach eine kurze Pause oder drücken Sie erneut auf das Siri-Icon, wird dieser Befehl ausgeführt und das entsprechende Programm gestartet. Faszinierend, oder? Probieren Sie es ruhig ein wenig aus. Sie werden erstaunt sein, wie enorm leistungsfähig bereits die Funktion *Öffnen* ist.

Statt **Öffnen** können Sie auch **Starte** sagen.

Und nun kann das Ganze auch noch kombiniert werden. Das heißt, Befehl und Inhalt können gemeinsam an Siri übergeben werden. Probieren Sie doch einfach aus und fragen Sie Siri, wie das Wetter morgen in München sein wird.

Siri kann komplexe Fragestellungen erkennen und Antworten präsentieren.

Erstaunlich, wie exakt Siri erkennen kann, was der Befehl und was der Kontext Ihres Befehles ist. Damit Sie einen Überblick bekommen, was Siri alles für Sie tun kann, sollten Sie auf das *i* tippen, das erscheint, sobald Sie Siri aufrufen. Dort sehen Sie eine ganze Reihe von Befehlen und Vorschlägen, was Sie mit Siri alles tun können.

Dabei ist der Funktionsumfang von Siri eine Softwareeigenschaft. Das heißt, über künftige Betriebssystemupdates Ihres iPads (iOS Updates) werden sukzessive weitere Funktionen in Siri verfügbar. Doch bereits jetzt ist der Befehlsumfang enorm. Sicher haben Sie in der Liste schon bemerkt, dass, wenn Sie auf einen

Eintrag tippen, er danach verschiedenste Varianten aufzeigt, was Sie alles für Befehle aussprechen können.

Siri verfügt über eine ganze Reihe von Befehlen, die Sie verwenden können.

Probieren Sie das zum Beispiel am Fall *Zeig mir den Weg nach Hause* aus, um dort verschiedenste Befehle zu Gesicht zu bekommen, die Sie im Rahmen der Karten-App verwenden können.

Fragen Sie Siri doch mal, wo ein schönes Restaurant in der Nähe ist.

An der Stelle erleben Sie etwas besonders Interessantes. Siri hat eindeutig erkannt, welche Funktion Sie auslösen möchten. Doch eine nicht korrekte Einstellung an Ihrem iPad verhindert das Auffinden eines Restaurants. Siri muss wissen, wo Sie sich befinden, um einen Restaurantvorschlag machen zu können. Deshalb ist es notwendig, in den *Einstellungen* bei *Datenschutz* die *Ortungsdienste* zu aktivieren, bevor Siri einen Vorschlag wagt.

Siri muss zur Restaurantsuche die Ortungsdienste aktivieren.

Sie beginnen zu verstehen, wie eng verzahnt die verschiedenen intelligenten Funktionen des iPads an dieser Stelle zusammenarbeiten, wie die Ortung mit Siri korrespondiert und dann im Programm Karten das Ergebnis ausspuckt. Um diese Funktion zu nutzen, sollten Sie neben der Aktivierung der *Ortungsdienste* auch *Siri* erlauben, die Ortungsdienste zu verwenden.

Achten Sie darauf, dass neben den Ortungsdiensten auch die Funktion „Siri" eingeschaltet ist. Damit erlauben Sie „Siri", die Ortungsdienste gewinnbringend für Sie einzusetzen.

Und auch das kann Siri. Fragen Sie Siri zum Beispiel nach den Ergebnissen des letzten Bundesliga-Spieltags oder nach Informationen zu bekannten Fußballspielern.

Sogar den aktuellen Stand der Bundesligatabelle kennt Siri.

Sie sehen also, Siri ist eine sehr nützliche Eigenschaft auf Ihrem iPad, um an bestimmte Informationen zu gelangen, Befehle auszuführen oder schlichtweg Textinformationen zu diktieren. Besonders klasse ist natürlich das Zusammenspiel mit dem Programm Karten. Nachdem Ihr iPad über die Ortungsdienste weiß, wo Sie sich befinden, können Sie das Programm Karten auch als Navigationslösung einsetzen. Probieren Sie es einmal damit: „Zeige mir den schnellsten Weg nach Berlin.“

Siri überträgt die Aufgabe an das Programm Karten, aktiviert die Ortungsdienste und schlägt Ihnen Routen vor.

Tippen Sie auf die Route, nach der Sie fahren wollen, und verwenden rechts oben den Button *Start*. Daraufhin wird das Programm Karten zu einer Navigationslösung und das iPad wird Sie zielsicher nach Berlin bringen. Probieren Sie Siri aus und Sie werden staunen, wie viele Funktionen Siri bereits jetzt beherrscht. Und Sie werden staunen, was Siri in ein, zwei oder auch drei Jahren alles für Sie tun kann.

Das iPad seinen Bedürfnissen anpassen

Das iPad seinen Bedürfnissen anpassen

Sie haben jetzt bereits einige Funktionen kennengelernt, die Sie mit und am iPad verwenden können. In diesem Kapitel geht es darum, weitere Einstellungen und Features genauer unter die Lupe zu nehmen. Das Erste und vielleicht Wichtigste ist das Einstellen des Erscheinungsbilds Ihres iPads.

Helligkeit und Hintergrundbild konfigurieren

Apple hat statt standardmäßig ein Bild als Hintergrund auf Ihrem iPad eingeblendet. Sie können aber gerne ein anderes Hintergrundbild konfigurieren. Die Auswahl der möglichen Fotos finden Sie in *Einstellungen –> Helligkeit & Hintergrund*.

Sie können ein anderes Hintergrundbild für den Home- und Sperrbildschirm einstellen.

Dort können Sie sowohl die *Auto-Helligkeit* aktivieren bzw. manuell die Helligkeit einstellen sowie das *Hintergrundbild* definieren. Tippen Sie dort auf *Hintergrundbild*, um ein anderes Motiv auszuwählen. Beachten Sie dabei, dass Sie ebenso ein Foto für den Sperrbildschirm einstellen können.

Sie sollten die Funktion noch einmal aufrufen, sobald Sie eigene Fotos/Bilder auf Ihr iPad übertragen haben, denn auch diese können dann als Hintergrundbild für Ihr iPad zum Einsatz kommen. Wie Fotos und Bilder auf das iPad übertragen bzw. direkt aufgenommen werden, sehen wir später noch.

Bilderrahmen

Auch das ist möglich: Sie können Ihr iPad in einen lebenden Bilderrahmen verwandeln. Notwendig dazu ist natürlich, dass Sie bereits eigene Fotos auf Ihrem iPad hinterlegt haben. Sofern all das geschehen ist, können Sie in den *Einstellungen –> Bilderrahmen* die Diashow näher definieren.

Die Konfiguration der Diashow findet sich ebenfalls in den „Einstellungen" wieder.

Um die Diashow zu starten, sollten Sie mit dem Stand-by-Button Ihr iPad in den Ruhezustand bringen und dann wieder aufwecken. Sie finden das Icon ⬛ für die Diashow rechts neben dem *Entsperren*-Schieberegler.

Homescreen anpassen

Bereits nach der ersten Installation Ihres iPads haben Sie ja die Programme auf dem iPad erhalten, die standardmäßig mitgeliefert werden. Diese befanden sich alle auf einem einzigen Bildschirm, dem sogenannten Homescreen. Am unteren Rand des Homescreens finden Sie das Dock. In diesem Dock sind die wichtigsten Programme im Regelfall untergebracht.

Es wird nun allerhöchste Zeit, dieses Erscheinungsbild den eigenen Bedürfnissen entsprechend anzupassen. Zunächst einmal können Sie selbst definieren, welche Programme im Dock erscheinen sollen. Um hier Änderungen vorzunehmen, müssen Sie in den Wackelmodus wechseln. Sie erinnern sich: Den Wackelmodus hatten wir bereits im Rahmen der Multitasking-Leiste kennengelernt. Tippen Sie mit einem Finger etwa zwei Sekunden auf ein Programmsymbol und sogleich beginnen alle Icons zu wackeln.

Kamera und Fotos sind zu einem Ordner namens Fotografie zusammengefasst worden.

Sie können nun Programme aus dem Dock herausziehen und durch andere Programme, die sich derzeit noch auf einem

Homescreen befinden, ersetzen. Weiterhin können Sie über den Wackelmodus sehr einfach Programmsymbole aufeinander ziehen und so Ordner erzeugen.

Sie können selbstverständlich noch weitere Programme (Apps) diesem Ordner hinzufügen. Wenn Sie sich wieder im Wackelmodus befinden, können Sie auch sehr einfach Programme aus einem Ordner herausnehmen.

 Sobald ein Ordner kein Programm mehr enthält, verschwindet dieser vom Homescreen.

Natürlich können Sie dem Ordner auch einen anderen Namen geben. In diesem Fall ist „Fotografie" ein Vorschlag des Betriebssystems, den Sie aber Ihren Wünschen entsprechend modifizieren können. Und auch das ist möglich: Sie können im Wackelmodus ein Programm (App) auf einen weiteren Homescreen bringen.

Das Programm Erinnerungen befindet sich nun ganz alleine auf einem weiteren Homescreen. Dazu ziehen Sie einfach mit dem Finger die App an den rechten Bildschirmrand, bis ein neuer Homescreen eröffnet wird, und lassen dann den Finger los, um die App auf diesem neuen Home-Bildschirm zu platzieren.

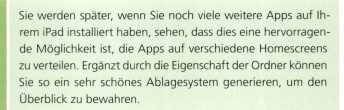

Sie werden später, wenn Sie noch viele weitere Apps auf Ihrem iPad installiert haben, sehen, dass dies eine hervorragende Möglichkeit ist, die Apps auf verschiedene Homescreens zu verteilen. Ergänzt durch die Eigenschaft der Ordner können Sie so ein sehr schönes Ablagesystem generieren, um den Überblick zu bewahren.

Weiterhin ist es möglich, einen Ordner in das Dock einzubringen und damit gleich auf eine ganze Reihe von Programmen schnellen Zugriff zu haben.

Ein Ordner namens Fotografie ist ins Dock eingebaut und enthält drei Programme.

Sicher haben Sie schon gemerkt, dass die Anzahl der Bildschirme über kleine Pünktchen dargestellt wird.

Mitteilungszentrale

Vielleicht ist es auch Ihnen schon versehentlich passiert, dass Sie die Mitteilungszentrale aufgerufen haben. Wenn Sie mit dem Finger an den oberen Rand des Bildschirms im Bereich der Uhrzeit fahren und nach unten ziehen, kommt die sogenannte Mitteilungszentrale zum Vorschein.

Die Mitteilungszentrale sammelt Benachrichtigungen aus verschiedenen Programmen zusammen.

Die Mitteilungszentrale, die sich vom oberen Rand des Bildschirms einschieben lässt, ist eine sehr nützliche Möglichkeit, um an einer zentralen Stelle die Informationen verschiedenster Programme in der Übersicht zu bekommen. Tippen Sie auf einen Eintrag, um sofort die dazugehörige App zu starten und den Eintrag im Detail begutachten zu können. Weiterhin haben manche Themen ein kleines x-Symbol, um die dazugehörigen Benachrichtigungen ausblenden zu können. Aber keine Angst – sobald eine neue Mitteilung kommt, wird das Thema wieder eingeblendet.

Die Mitteilungszentrale kann unter *Einstellungen –> Mitteilungen* konfiguriert werden. Dort finden Sie etwa in der Mitte des Bildschirms den Eintrag *In der Mitteilungszentrale:* .

Im Bereich „In der Mitteilungszentrale" haben sich alle Apps aufgelistet, die Benachrichtigungen senden können.

Diese Programmliste wird sukzessive erweitert, abhängig davon, welche weiteren Apps Sie auf Ihrem iPad installieren.

Ähnlich verhält es sich übrigens mit **Einstellungen –> Datenschutz –> Ortungsdienste**. Die Programmliste dort wird sukzessive durch die Installation neuer Apps erweitert und ergänzt, und Sie können im Bereich **Datenschutz –> Ortungsdienste** bzw. im Bereich **Mitteilungen** für jede App definieren, wie sie sich verhalten soll.

Um ein Programm aus der Mitteilungszentrale herauszunehmen, tippen Sie das entsprechende Programmsymbol an und tippen auf den Schieberegler *In der Zentrale*, um es daraus zu entfernen.

Um ein Programm nicht mehr in der Mitteilungszentrale zu finden, deaktivieren Sie die Funktion über den Schieberegler „In der Zentrale".

Weiterhin sehen Sie, dass Sie neben der Aufnahme in der Mitteilungszentrale auch noch einen *Hinweisstil* ❶ bzw. ein *Kennzeichensymbol* ❷ und möglicherweise auch noch *Töne* ❸ hinterlegen können. Worum handelt es sich hier? Sie haben beispielsweise einen Termin. Sie können nun festlegen, ob dieser Termin als *Banner* ❹ oder *Hinweis* ❺ auf Ihrem Bildschirm erscheinen soll.

Links sehen Sie die Darstellung als Hinweis und rechts die Darstellung als Banner.

Sie sehen also, dass ein Hinweis auf dem Bildschirm dargestellt wird und dringend von Ihnen bearbeitet werden muss. Via *Schließen* oder *Anzeigen* erfordert dieser Hinweis eine Reaktion. Ein Banner hingegen wird kurzzeitig am Bildschirmrand eingeblendet und verschwindet nach wenigen Sekunden von selbst. Ergänzen Sie die Darstellung als *Banner* oder *Hinweis* durch ein *Kennzeichensymbol* ❷ oder durch *Töne* ❸. Das Kennzeichensymbol haben Sie möglicherweise schon einmal zu Gesicht bekommen, wenn ein Programm neue Informationen erhalten hat. Dann wird dies durch eine Nummer am Icon des Programmsymbols dargestellt.

Die App Mail signalisiert durch das Kennzeichen, dass eine neue E-Mail eingetroffen ist.

Und wenn Sie auch noch die Eigenschaft *Töne* ❸ angeben, so wird eine neue Information in dem jeweiligen Programm auch durch einen Hinweiston kundgetan.

 Die Hinweistöne für wichtige Programme werden zentral in den **Einstellungen** –> **Töne** konfiguriert.

In den Einstellungen finden Sie die wichtigsten Toneinstellungen der Apps auf einen Blick.

Achten Sie ganz unten auf den Eintrag **Tastaturanschläge**. Sie haben bereits gemerkt, dass immer, wenn Sie etwas tippen, dies durch ein akustisches Signal dargestellt wird. Viele Anwender deaktivieren diese Funktion.

Aber wieder zurück zur Mitteilungszentrale: Sie können also jetzt für jedes Programm individuell einstellen, wie es Meldungen auf den Bildschirm bringt. Die Mitteilungszentrale fasst nun alle Mitteilungen aller Programme an einem Ort zusammen. Entscheiden Sie in *Einstellungen –> Mitteilungen*, ob diese *Manuell* bzw. *Nach Uhrzeit* sortiert werden.

Die Einträge der Mitteilungszentrale können sortiert werden.

Und auch das ist möglich: Über die Eigenschaft *Nicht stören* können Sie bei *Planmäßig* Zeiten hinterlegen, zu denen keine Hinweise, Banner oder Töne für Mitteilungen auf Ihrem iPad erscheinen dürfen.

Via „Mitteilungen –> Nicht stören" können Sie die Mitteilungszentrale für ein vordefiniertes Zeitraster stumm schalten.

Bei der Eigenschaft *Anrufe zulassen von:* können Sie FaceTime-Anrufe (die später noch beschrieben werden) von einer bestimmten Personengruppe (in diesem Fall von den *Favoriten*) zulassen. Auch dazu später mehr. Möchten Sie jetzt akut Mitteilungen deaktivieren, so wählen Sie einfach die Funktion *Nicht stören* direkt innerhalb der *Einstellungen*.

Sie erinnern sich: Alle Schieberegler auf Ihrem iPad können Sie schlicht und ergreifend dadurch bedienen, dass Sie einfach auf den Schieberegler tippen, sofort wird dieser seinen Zustand ändern. Es ist nicht notwendig, am Schieberegler zu ziehen.

Was ist eigentlich der Unterschied von *Nicht stören* zu *Flugmodus*, der sich ebenfalls in den Einstellungen befindet? Während *Nicht stören* quasi einen Eingangsfilter setzt und die Verbindung über WLAN bzw. 3G/LTE offen lässt, wird im *Flugmodus* einfach jede Verbindungsmöglichkeit nach außen deaktiviert. Selbst Bluetooth wird dabei inaktiv gesetzt.

Spotlight – die Suchfunktion für Ihr iPad

Sie haben nun erfahren, wie Sie zum Beispiel die Apps auf Ihrem iPad arrangieren können. Weiterhin haben Sie über die Mitteilungszentrale aktuelle Meldungen diverser Programme wie Erinnerungen, Kalender, Mail etc. zentral auf einen Blick. Aber wie kommen Sie rasch an Daten, bei denen Sie nicht genau wissen, wo Sie diese suchen sollen?

Populäre Beispiele hierfür sind zum Beispiel Adressinformationen innerhalb Ihrer Kontakte-App. Nun gut, auch hier hat Apple vorgesorgt und eine zentrale Instanz geschaffen, mit der die Suche über das komplette iPad möglich ist. Diese Suchfunktion nennt sich Spotlight und kann ganz einfach so aufgerufen werden: Sofern Sie auf dem ersten Homescreen sind, tippen Sie einmal auf den *Home-Button*, um zur *Spotlight*-Suche zu gelangen. Andernfalls tippen Sie zunächst einmal, um zum ersten Bildschirm, und erneut einmal, um zur Spotlight-Suche zu kommen.

Tippen Sie dort den gewünschten Suchbegriff ein. Wenige Augenblicke später listet Ihnen das Gerät alle Fundstellen auf – unabhängig davon, in welchem Programm dieser Suchbegriff gefunden wurde.

Sie sehen hier, dass sowohl im Programm *Kontakte* als auch im Programm *Erinnerungen* der Suchbegriff gefunden wurde.

Am unteren Rand der Liste finden Sie den Eintrag **Websuche** bzw. **Wikipedia-Suche**. Das heißt, sollte es lokal auf Ihrem Gerät zu dem Suchbegriff keine Fundstelle geben, können Sie die Suche sofort an das Internet weitergeben. Eine Websuche übergibt den Suchbegriff an Safari und damit möglicherweise an Google als Suchmaschine. Die Wikipedia-Suche nutzt, wie es der Name schon vermuten lässt, Wikipedia als Wissensdatenbank.

Besonders elegant ist die Spotlight-Suche im Zusammenhang mit dem Auffinden von Programmen. Geben Sie beispielsweise einen Teil eines Programmnamens ein, wird diese App wenig später in der Liste erscheinen. Mit einem einzigen Fingertipp kann das dazu gehörige Programm gestartet werden. Besonders nützlich ist die Funktion, wenn Sie sehr viele Programme auf Ihrem iPad installiert haben.

 Der Name von Ordnern auf Ihrem iPad ist über diese Spotlight-Suche nicht zugängig.

Aber darüber hinaus findet Spotlight alles, was sich auf Ihrem iPad an Daten befindet. Adressen innerhalb Ihres Kontakte-Programms, Informationen, die Sie in den Notizen oder Erinnerungen hinterlegt haben, Termine im Kalender-Programm, Musiktitel in Ihrer Musik-App etc. Die Spotlight-Suche ist also ein sehr gewaltiges Werkzeug, um Informationen ans Tageslicht zu befördern. Und natürlich kann die Spotlight-Suche an Ihre Bedürfnisse angepasst werden. Gehen Sie hierzu über *Einstellungen –> Allgemein –> Spotlight-Suche*, um dort individuelle Modifikationen vorzunehmen.

Deaktivieren Sie Einträge, die Sie nicht in der Suchliste haben möchten. Über die drei Balken rechts können Sie die Reihenfolge ändern.

In vielen Apps haben Sie zudem bereits ein integrierte Suchfunktion parat. So finden Sie die Suche in der Kalender-App rechts oben, in Mail links oben, in der Kontakte-App wieder links oben.

Zwischenablage

Wie Sie sich erinnern, habe ich eingangs erwähnt, dass das iPad ein Computer ist. Ja, und wenn das iPad ein Computer ist, dann muss es wie ein regulärer Computer auch über eine Zwischenablage verfügen, so dass man programmübergreifend Informationen austauschen kann. Und genau die gibt es auch.

Starten Sie beispielsweise das Programm Safari. Dort finden Sie eine Information, die Sie nun im Rahmen einer E-Mail weiterverwenden möchten. Sobald Sie mit dem Finger auf eine Textstelle tippen, haben Sie die Möglichkeit, eine Textmarkierung über die angrenzenden blauen Linien und die blauen Anfasser auszuführen. Tun Sie das und ziehen Sie so einen Rahmen auf, in dem sich der zu markierende Text befindet.

Ein Text wurde markiert und das iPad schlägt die Funktion „Kopieren" vor.

Verwenden Sie diese Funktion, um den Text in die Zwischenablage zu befördern. Wechseln Sie nun zum Beispiel in das Programm Mail oder auch in das Programm Notizen, tippen mit dem Finger etwa eine Sekunde an die gewünschte Bildschirmstelle und verwenden die Funktion *Einsetzen*, um den Inhalt der Zwischenablage an der Cursorposition anzubringen.

Via „Einsetzen" wird der Inhalt der Zwischenablage an der aktuellen Cursorposition eingesetzt.

So einfach funktioniert das! Eben genauso, wie Sie das von einem Computer gewohnt sind. Je nach Programm hat die Zwischenablage etwas unterschiedliche Funktionen.

Die Zwischenablage im Programm Notizen im Einsatz.

Sie sehen hier das Programm *Notizen*. Dort gibt es nicht nur die Eigenschaft des *Kopierens*, sondern auch die Eigenschaft des *Ausschneidens*. Beides Funktionen, die den Inhalt in die Zwischenablage befördern.

Und genauso, wie Sie es vom Computer kennen, funktioniert das auch am iPad. Sie können auch eine Kombination aus Text und Bild von einer Applikation in eine andere über die Zwischenablage übertragen.

Im Programm „Safari" wurde eine Kombination aus Text und Bild markiert.

Über Kopieren wird auch dieser Inhalt in die Zwischenablage befördert. Im Programm Mail zum Beispiel kann dieser Inhalt in eine neue E-Mail eingebaut werden.

Bild und Text wurden über die Zwischenablage von „Safari" in „Mail" transportiert.

Sollte das bei Ihnen nicht funktionieren, dann könnte das an einer Einstellung liegen, denn die Übertragung von Bildern aus dem Internet in die Zwischenablage kann deaktiviert werden. Sie finden die dazu gehörige Option in den **Einstellungen** bei **Mail, Kontakte & Kalender** und die nennt sich **Entfernte Bilder laden**.

Die Funktion „Entfernte Bilder laden" bringt die Möglichkeit, Internetbilddaten in die Zwischenablage zu transportieren.

Und genauso wie die Zwischenablage am Computer, ist auch am iPad mit nur einem Inhalt befüllbar. Das heißt, sobald Sie via **Kopieren** einen neuen Inhalt in die Zwischenablage befördern, wird der vorherige Inhalt ohne Rückfrage automatisch überschrieben.

Rückgängigmachen

Wenn das iPad sich schon nahezu wie ein Computer anfühlt, dann muss es auch die Funktion des Rückgängigmachens am iPad geben.

*Durch Schütteln des iPads nach links und nach rechts rufen Sie die
Funktion „Eingeben wiederrufen" auf.*

Sie schütteln das iPad und können so den letzten Arbeitsschritt
widerrufen.

Die meisten Programme am iPad erlaufen nur das Rückgängig-
machen des letzten Schritts. Es gibt aber auch Programme,
wie Keynote, Pages und Numbers von Apple, die es gestatten,
viele Schritte rückgängig zu machen bzw. diese auch wieder-
herstellen zu können.

Für die Kleinen: Einschränkungen und geführter Zugriff

Einschränkungen

In vielen Familien ist das iPad bei den Kleinen begehrter als bei
den Erwachsenen. Und damit die Kleinen nicht Funktionen verwenden, die den Erwachsenen vorbehalten sind, hat Apple hier
vorgesorgt und sogenannte Einschränkungen integriert. Sie finden die Einstellungen diesbezüglich in *Einstellungen –> Allgemein
–> Einschränkungen*. Damit die Einschränkungen wirksam werden,
müssen Sie zunächst via *Einschränkungen aktivieren* einen Code
hinterlegen, den Sie selbstverständlich Ihren Sprösslingen nicht
weitergeben sollten.

Entscheiden Sie über die diversen Schieberegler, welche Programme bzw. welche Funktionen nicht ausgeübt werden dürfen.

Wenn Sie hernach auf den Homescreen zurückkehren, werden Sie feststellen, dass alle Programme, die Sie nicht erlaubt haben, direkt von den Screens verschwunden sind und somit nicht aufgerufen werden können. Sie sehen also, diese Art von Kindersicherung ist sehr einfach zu konfigurieren und sehr mächtig.

Geführter Zugriff

Anders vom Ansatz her funktioniert die Eigenschaft *Geführter Zugriff*. Via *Geführter Zugriff* können Sie ein Programm in den Vordergrund bringen und durch einen Code absichern, dass dieses Programm nicht mehr verlassen werden kann. Darüber hinaus können Sie zudem definieren, ob bestimmte Bereiche innerhalb eines Programms aktiviert bzw. nicht aktiviert werden dürfen.

Beispiel: Stellen Sie sich vor, Sie haben für Ihre Kleinen ein Spiel gekauft, doch dieses Spiel verfügt über die leidige Möglichkeit sogenannter In-App-Purchases, also über Nachkäufe weiterer Spielelevel oder Spielfunktionen. Das möchten Sie nicht. Sie möchten, dass Ihr Sprössling das Spiel bedient, aber ansonsten keinen Schabernack treibt. Dann ist die Eigenschaft *Geführter Zugriff* genau richtig, denn damit ist es auch Ihrem Nachwuchs nicht möglich, das Spiel zu verlassen, um eine andere Funktion auf dem iPad auszuführen. Um diese Funktion zu aktivieren, gehen Sie zu *Einstellungen –> Allgemein –> Bedienungshilfen* und Sie finden im Bereich *Lernen* den Eintrag *Geführter Zugriff*.

Der „Geführte Zugriff" findet sich in den Bedienungshilfen.

Wenn Sie den Geführten Zugriff aktivieren wollen, müssen Sie erneut einen Code festlegen. Dieser ist wiederum zweimal einzutragen. Hernach starten Sie das Programm, das Ihre Sprösslinge aufrufen dürfen.

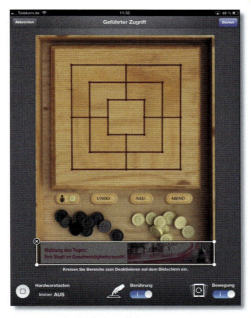

Durch einen Dreifachklick auf den Home-Button startet der „Geführte Zugriff".

Sie können auch innerhalb einer App Bereiche aufziehen, die nicht angetippt werden dürfen. Am Beispiel des Bildschirmfotos sehen Sie hier Werbebanner, die nicht zur Verfügung stehen sollten, während die App läuft. Via *Starten* läuft dann die App wie gewohnt, nur sind bestimmte Bereiche nicht verfügbar und auch das Verlassen der App ist nicht möglich. Denn nur mit einem Dreifachklick auf den Home-Button und der Eingabe des Codes kann man diese App wieder verlassen und den geführten Zugriff beenden.

Sie sehen also, dass Sie über die Kombination *Einschränkungen* und *Geführter Zugriff* zwei sehr einfache Möglichkeiten haben, bestimmten Personen nur bestimmte Inhalte und Apps auf dem iPad zugänglich zu machen.

Die Funktion **AssistiveTouch** ist ebenfalls in den **Bedienungshilfen** zu finden. Damit können einige häufig verwendete Funktionen wie Rotationssperre, Lautstärkeregelung, Bildschirmsperre etc. ganz einfach aufgerufen werden. Verwenden Sie die Funktion **Home-Dreifachklick** zum Starten und Beenden von AssistiveTouch.

Via „AssistiveTouch" können einige wichtige Funktionen clever erreicht werden.

Apps, E-Books und mehr

Apps, E-Books und mehr

Bevor Sie beginnen, in den diversen Stores bei Apple online einzukaufen, sollten Sie die notwendigen Grundeinstellungen vornehmen. Gehen Sie diesbezüglich zu *Einstellungen –> iTunes & App Stores* und prüfen Sie, ob dort eine Apple-ID hinterlegt ist.

Eine Apple-ID ist notwendige Bedingung für den Einkauf in den diversen Stores.

Jeder Einkauf in einem der Apple Stores (App Store, iTunes Store, iBookstore etc.) wird mit einer Apple-ID verknüpft. Deshalb habe ich Ihnen schon an früherer Stelle den Rat gegeben, stets die gleiche Apple-ID zu verwenden. Dies ist besonders dann wichtig, wenn Sie mehrere tragbare Apple-Geräte besitzen, wie zum Beispiel ein iPhone und ein iPad. Ist auf beiden Geräten die gleiche Apple-ID hinterlegt, können Sie Ihre Einkäufe auf dem anderen Gerät problemfrei laden und die App sofort verwenden.

Aber noch einmal kurz zurück zu den *Einstellungen*. Es könnte durchaus vorkommen, dass Sie Ihr Kennwort vergessen. Tippen Sie dann, wie auf dem Screenshot zu sehen, auf Ihre Apple-ID und verwenden Sie den Eintrag *iForgot*. Damit können Sie ein neues Kennwort vergeben. Und wie Sie anhand des Bildschirmfotos auch sehen, können Sie die aktuelle Apple-ID abmelden und sich unter einer anderen Apple-ID anmelden.

> Jeder Einkauf wird einer Apple-ID zugeordnet, das hatten wir bereits erwähnt. Wichtig zu wissen ist, wenn Sie über mehrere Apple-IDs verfügen, gibt es derzeit keine Möglichkeit, die Einkäufe von einer zu einer anderen Apple-ID zu übernehmen.

So, damit sind die Einstellungen getätigt und wir können uns der Reihe nach die verschiedenen Stores und ihre Einsatzbereiche ansehen.

App Store

Das App-Store-Icon ist bereits direkt auf Ihrem Homescreen angebracht. Durch Antippen des Icons startet das dazugehörige Programm und Sie bekommen eine ganze Fülle von Apps präsentiert.

So präsentiert sich der App Store.

Sie können nun horizontal oder vertikal navigieren, um die Angebote des App Stores zu durchforsten. Sie haben sicher bereits im oberen Bereich des Fensters die Begriffe *Alle Kategorien*, *Spiele*, *Bildung*, *Zeitungskiosk* und *Mehr* gesehen. Dort sind die jeweiligen Apps einsortiert.

Im November 2012 befinden sich über 700.000 Apps im App Store. Dabei sind etwa 280.000 speziell für das iPad gedacht und die anderen sind für die Verwendung auf dem iPhone programmiert, aber laufen auf dem iPad genauso, allerdings in geringerer Auflösung.

Weiterhin sehen Sie im unteren Bereich des App-Store-Fensters die sogenannten *Highlights*, *Charts* und auch die Einträge *Genius*, *Gekaufte Artikel* und *Updates*.

Wollen wir uns einige Details etwas genauer ansehen. Klicken Sie beispielsweise auf *Charts*, so bekommen Sie eine mehrspaltige Darstellung, in der Sie die meistgekauften, die meistgeladenen und die umsatzstärksten Apps in einer Übersicht sehen.

Die Charts geben einen guten Überblick über die aktuellen Topseller.

Sofern Sie noch nie eine App geladen und installiert haben, sollten Sie den Vorgang anhand einer Gratis-App einmal ausprobieren. Tippen Sie dazu auf den Begriff *Gratis* `GRATIS`. Und sogleich wird aus dem Begriff *Gratis* der Begriff *App installieren* `APP INSTALLIEREN`. Klicken Sie erneut darauf und geben Sie, falls abgefragt, Ihr Apple-ID-Kennwort ein. Und schon beginnt der Download Ihrer App. Je nach Größe der App und der Internetverbindung (WLAN oder 3G/LTE) kann es ein wenig dauern, bis sie auf Ihrem iPad angekommen sind.

Ist die App größer als 50 MB, muss der Download über WLAN erfolgen und kann nicht über das 3G-Netzwerk stattfinden.

Nach Abschluss des Downloads finden Sie auf Ihrem Homescreen das Icon der heruntergeladenen App mit dem kleinen Zusatzbanner *Neu*, so dass Sie auf einen Blick erkennen, welche App sich jetzt neu auf Ihrem Homescreen eingefunden hat.

Das Programm „Radiowecker" ist neu auf dem iPad installiert bzw. noch nie gestartet worden.

Sie sehen also, das Herunterladen und Installieren eines neuen Programms auf Ihr iPad ist sehr, sehr einfach. Hätten Sie im Gegensatz zu einer Gratis-App eine kostenpflichtige App geladen, so wäre auch dies problemlos vonstattengegangen, denn im Regelfall haben Sie Ihrer Apple-ID ja eine Zahlungsmethode zugeordnet (beispielsweise eine Kreditkarte). Die Zahlungsmethode können Sie überprüfen bzw. ändern, wenn Sie über die *Einstellungen* zu *iTunes & App Store* gehen, erneut auf die *Apple-ID* klicken und dort den Eintrag *Apple-ID anzeigen* wählen. Tippen Sie anschließend auf *Zahlungsmethode* und geben dort die notwendigen Informationen ein.

Einer Apple-ID kann eine Zahlungsmethode, wie zum Beispiel eine Kreditkarte, direkt zugeordnet werden, was den Einkauf in den Stores erleichtert.

Bevorzugen Sie hingegen das Einlösen von Gutscheincodes, die Sie ja mittlerweile in Supermärkten, Tankstellen etc. erwerben können, so bewerkstelligen Sie dies erneut über das Programm *App Store*. Starten Sie dieses, wählen die *Highlights* aus und scrollen ganz nach unten, um dann auf den Begriff *Einlösen* zu tippen und dort Ihren Gutscheincode zu hinterlegen.

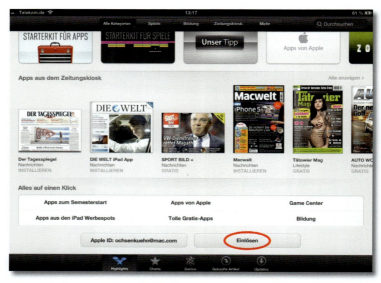

Via „Einlösen" können Sie die Gutscheine Ihrem Konto hinzufügen.

Jeder Kauf, den Sie nun tätigen, wird mit diesem Gutschein verrechnet.

 Der Gutschein ist Ihrer Apple-ID zugeordnet. Das heißt, er ist neben Apps auch für Bücher, Musik, Filme etc. einsetzbar.

Kommen wir noch einmal zurück zum Stöbern im App Store. Sicher haben Sie den Button *Gekaufte Artikel* bemerkt. Dort bringen sich alle Apps ein, die Sie unter Ihrer Apple-ID auf einem Ihrer Geräte (iPhone, iPad etc.) geladen haben.

Gekaufte Artikel befinden sich alle in der sogenannten iCloud.

Und Sie sehen, dass all die geladenen Apps rechts daneben ein kleines Wolkensymbol zeigen. Das bedeutet, die Apps sind für Sie unter Ihrer Apple-ID bei Apple in der sogenannten iCloud abgelegt worden und können jederzeit erneut ohne Kennwortabfrage geladen werden.

Sicher haben Sie im oberen Teil des Fensters den Button *Nicht auf iPad* schon gesehen. Dort erhalten Sie eine Liste von allen Programmen, die sich derzeit nicht auf Ihrem iPad befinden, aber bereits mit Ihrer Apple-ID bezogen wurden.

 Ich habe vorhin ja schon erwähnt, dass von den etwa 700.000 Apps circa ein Drittel für das iPad entwickelt wurde. Die restlichen sind auf das iPhone zugeschnitten. Wenn Sie links oben auf den Begriff **iPad Apps** tippen, sehen Sie diese Unterscheidung.

In der Cloud von Apple sammeln sich alle Apps, die entweder auf dem iPad oder auf dem iPhone mit Ihrer Apple-ID installiert wurden.

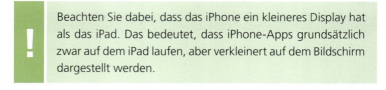

Beachten Sie dabei, dass das iPhone ein kleineres Display hat als das iPad. Das bedeutet, dass iPhone-Apps grundsätzlich zwar auf dem iPad laufen, aber verkleinert auf dem Bildschirm dargestellt werden.

Wenn Sie Apps in diesem umfangreichen Store ausfindig machen möchten, können Sie selbstverständlich rechts oben die Durchsuchen-Funktion verwenden. Eine sehr interessante und clevere Alternative wäre jedoch die Funktion *Genius*. Genius sucht und findet Apps, die den bereits installierten ähnlich sind. Das ist eine sehr interessante Möglichkeit, Apps ausfindig zu machen, die Ihnen gefallen könnten.

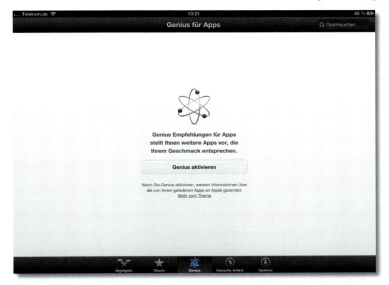

Damit Ihnen App-Vorschläge unterbreitet werden, müssen Sie Genius aktivieren.

Bevor Genius aktiv wird, sollten Sie ganz nach unten scrollen und per *Ich stimme zu* die Lizenzbedingungen akzeptieren. Daraufhin wird die App Genius die von Ihnen erworbenen Apps mit dem vorhandenen Angebot vergleichen und Ihnen sinnvolle Kaufvorschläge unterbreiten – eine durchaus interessante Zusatzfunktion.

Und vergessen Sie nicht, durch die Installation der Apps bekommen Sie immer mehr Icons auf Ihren Homescreens, die Sie durch das Erstellen von Ordnern sinnvoll zusammenfassen sollten, um Ihre Apps schneller finden zu können. Erinnern Sie sich dabei auch an **Siri** sowie an **Spotlight**, die beiden schnellsten Möglichkeiten, um Apps rasch starten zu können.

Und zu guter Letzt werden diese Programme bisweilen aktualisiert. Es ist dazu nicht notwendig, immer wieder das App-Store-Icon zutippen und bei Updates nach Neuerungen zu suchen. Sobald Updates verfügbar sind, wird das Icon des Programms App Store dies mit einer Ziffer auch anzeigen. Diese Ziffer sagt aus, wie viele Apps derzeit in einer neuen Version vorliegen. Durch Antippen des *App Store-Buttons* und des Eintrages *Updates* werden diese auf Ihr Gerät heruntergeladen.

Das App-Store-Icon zeigt verfügbare Updates für vorhandene Apps an.

iTunes Store

Ähnlich im Aufbau ist der sogenannte iTunes Store. Darin finden Sie folgende Inhalte:

- Musik,
- Filme,
- TV-Sendungen,
- Hörbücher.

Und ähnlich, wie beim App Store haben Sie sowohl im oberen als auch im unteren Bereich der Darstellung verschiedene Navigationsmöglichkeiten. Unten sehen Sie die verschiedenen Kategorien. Auch dort gibt es übrigens den *Genius*, der Ihre Wünsche analysiert und entsprechende Vorschläge unterbreitet. Auch hier gibt es wieder die Charts mit der meistgekauften Musik und Filmen etc.

*Der iTunes Store lässt sich ähnlich wie der App Store bedienen. Sie
können horizontal und vertikal scrollen, um weitere Inhalte einzusehen.*

Und sicher haben Sie auch in der rechten oberen Ecke bereits
die *Durchsuchen*-Funktion gesehen, bei der Sie beliebige Such-
begriffe eingeben können und in der jeweiligen Sparte dann die
Inhalte erscheinen. Und auch das ist ähnlich zum App Store: In
jeder Kategorie können Sie nach unten scrollen und erhalten dort
den Button *Einlösen*, um auch hier Ihren Account mit Gutschei-
nen aufladen zu können.

> **!**
>
> Vor allem für gekaufte Filme oder TV-Serien ist es besonders
> nützlich, wenn Sie über ein Apple-TV-Gerät verfügen. Wenn
> Sie sich an Kapitel 2 erinnern, können Sie über die Eigenschaft
> **AirPlay Mirroring** Ihren iPad- Bildschirm über das Apple-TV
> an einen HD-TV übertragen und so TV-Serien oder Filme ganz
> komfortabel sehen. Weiterhin gibt es zum Anhören von Musik
> sogenannte AirPlay-fähige Lautsprecher, so dass die Musik an
> diese Geräte übertragen und in voller Soundqualität angehört
> werden kann.

iTunes U und Podcasts

Neben dem iTunes Store, in dem Sie Filme, Musik, TV-Serien und Hörbücher finden, gibt es noch zwei weitere sehr interessante Angebote. Das eine nennt sich *iTunes U*. Hierbei handelt es sich um spezielle Angebote für den Bildungsbereich. Dort haben beispielsweise Universitäten Vorlesungen aufgezeichnet, die sie hier gratis zur Verfügung stellen.

Im Bereich *Podcasts* können Video- und Audiosendungen, ähnlich wie bei YouTube, angesehen werden. Podcasts sind vergleichbar mit Radio- oder Fernsehsendungen, die Sie zu einem beliebigen Zeitpunkt konsumieren können. Um auf iTunes-U- bzw. Podcast-Angebote zugreifen zu können, müssen Sie die dazugehörigen Apps installieren.

Beide sind kostenfrei und selbstverständlich im App Store zu finden. Wählen Sie *Durchsuchen* aus und geben zum Beispiel den Suchbegriff *Podcasts* ein, wenig später werden Sie die dazugehörige App finden.

Die App Podcasts ist gratis, stammt von Apple und kann via „Installieren" auf Ihr Gerät übernommen werden.

Genauso verhält es sich mit der App iTunes U. Sie werden staunen, wie viele neue Inhalte über diese beiden Gratis-Apps für Sie zugänglich sind. Auch die App, die wir jetzt gleich intensiver besprechen werden, muss zunächst über den App Store geladen werden. Die App heißt *iBooks* und ist dafür verantwortlich, dass Sie aus Ihrem iPad einen perfekten E-Book-Reader machen können.

Die App iBooks ist gratis im App Store zu finden und macht aus Ihrem iPad einen perfekten E-Book-Reader.

Der iBookstore und die App iBooks

Sobald iBooks auf Ihrem iPad verfügbar ist, sehen Sie zunächst ein leeres Buchregal.

Apple weist Sie sofort darauf hin, dass ebenso wie gekaufte Apps sich auch E-Books in der Apple iCloud befinden können. Sollten Sie also mit einem anderen Gerät bereits im iBookstore eingekauft haben, finden Sie Ihre Einkäufe in der Apple Cloud und können diese nun in das aktuell leere Programm iBooks laden. Haben Sie noch keine Einkäufe getätigt, dann können Sie über den Button *Store* in den iBook-Laden eintreten und ähnlich wie beim App Store oder beim iTunes Store nach Herzenslaune stöbern.

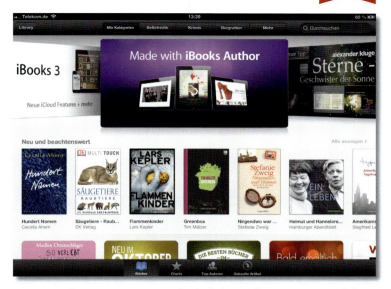

Der iBookstore präsentiert sich ähnlich wie der App Store und der iTunes Store und bietet vielfältige Inhalte.

Sicher haben Sie auch schon bemerkt, dass in jeder Kategorie, sobald Sie nach unten scrollen, auch dort über *Einlösen* wieder die Möglichkeit der Gutscheineinlösung zur Verfügung steht. Wenn Sie beispielsweise die Top-Autoren auswählen, können Sie hier nach Ihren Lieblingsautoren suchen und sehen zugleich die im iBookstore erhältlichen E-Books.

An dieser Stelle sehen Sie die von mir im iBookstore erhältlichen Bücher.

Sobald Sie einen Titel anklicken, bekommen Sie eine detaillierte Vorschau mit Kundenbewertungen und der Möglichkeit, einen kostenlosen Auszug zu laden.

Zu jedem E-Book im iBookstore steht die Funktion „Auszug" zur Verfügung, womit Sie sich einen Eindruck verschaffen können, bevor Sie das E-Book tatsächlich kaufen.

Nutzen Sie auch hier die Chance, mit einem kostenlosen Gratis-E-Book die ersten Schritte in der Handhabung des Programms iBooks zu gehen. Tippen Sie dazu auf **Gratis**, anschließend auf **Buch laden**, geben Sie Ihre Apple-ID ein und schon wird das E-Book in Ihr Bücherregal heruntergeladen.

Ein E-Book wird soeben aus dem iBookstore auf Ihr iPad heruntergeladen.

Ist der Download erfolgreich abgeschlossen, tippen Sie auf das Buch-Cover und sofort wird sich dieses öffnen und steht für das Lesen auf dem iPad zur Verfügung.

Wichtige Funktionen von iBooks

Das Programm iBooks ist also der E-Book-Reader, der sich auf Ihrem iPad befindet.

 Haben Sie schon bemerkt, dass sich die Darstellung Ihres E-Books ändert, wenn Sie vom Hoch- ins Querformat wechseln?

Und wie bei einem herkömmlichen Buch können Sie nun durch Ihr E-Book blättern. Dabei sind grundsätzlich vier Methoden denkbar:

- Tippen Sie auf den rechten Rand Ihres E-Books, um eine Seite nach vorne zu blättern. Entsprechendes Tippen auf den linken Rand Ihres E-Books bringt Sie eine Seite zurück. Das funktioniert sowohl in Hoch- als auch im Querformat.
- Oder Sie handhaben es wie bei einem echten Buch. Nehmen Sie die rechte untere Blattecke und blättern Sie einfach nach vorne.

Fühlt sich fast an wie ein richtiges Buch – das Umblättern im Programm iBooks.

- Schnelles Blättern: Sicher haben Sie am unteren Rand Ihres E-Books bereits die kleinen Pünktchen erkannt. Die Seite, die Sie lesen, wird durch ein kleines Quadrat dargestellt. Sie können auch sehr schell navigieren, indem Sie dieses Icon an eine andere Stelle ziehen.

Schnelles Navigieren durch Ziehen des Sliders.

- Es ist auch möglich, dass Sie das Buch ohne Umblättern einfach durch Scrollen nach unten bequem lesen. Tippen Sie dazu auf das Icon mit den zwei kleinen As ᴀA, wählen Sie den Begriff *Themen* aus und wenden dort die Eigenschaft *Scrollen* ❶ an.

Via „Scrollen" können Sie das Buch fortlaufend lesen, ohne umblättern zu müssen.

Und sicher haben Sie im Bereich Themen auch die Einstellung *Vollbild* ❷ gesehen, die Ihr E-Book ohne Zusatzfunktionen auf die Größe des iPads dargestellt bringt.

Und auch das ist möglich: Neben der Darstellung der schwarzen Schrift auf weißem Hintergrund, können Sie die Nachteinstellung ❸ verwenden, um eine weiße Schrift auf dunklem Hintergrund zu erhalten. Und mit der Sepia-Einstellung gehen Sie einen Mittelweg mit einem leicht abgedunkelten Hintergrund und schwarzer Schrift.

Ein E-Book ist im Gegensatz zu einem richtigen papierenen Buch in der Lage, verschiedene Darstellungen anzunehmen. Tippen Sie auf den Begriff *Schriften* ❹, um dort eine Schriftenliste zu bekommen, aus der Sie eine beliebige Schrift auswählen können. Sogleich wird Ihr E-Book mit dieser Schrift neu dargestellt und anders umbrochen. Bei den beiden Schaltflächen mit einem kleinen und großen A sind zum Ändern der Schriftgröße gedacht. Ein Fingertipp auf die jeweilige Schaltfläche macht die Schrift größer bzw. kleiner.

Ein E-Book kann in der Schriftdarstellung und der Schriftgröße den Wünschen des Lesers angepasst werden.

Kennen Sie noch die Eselsohren, die man in Bücher einbringt, um wichtige Seiten schnell aufzufinden? Auch iBooks kennt Eselsohren, nennt das aber Lesezeichen. Tippen Sie dazu auf das *Lesezeichen*-Icon ganz rechts oben.

Auch iBooks kennt das Anbringen von Eselsohren und nennt sie Lesezeichen.

Eine Übersicht aller Lesezeichen erhalten Sie, wenn Sie auf das Inhaltsverzeichnis ≣ tippen. Dort finden Sie neben dem regulären Inhaltsverzeichnis des E-Books den Bereich *Lesezeichen*, wo Sie Ihre „Eselsohren" finden können.

Neben dem regulären Inhaltsverzeichnis bekommen Sie auch ein Lesezeichen- und ein Notizenverzeichnis dargestellt.

Was sind Notizen? Sie können sich an einer beliebigen Stelle in Ihrem E-Book eine Notiz machen. Dazu markieren Sie den gewünschten Text in einem E-Book und wählen die Eigenschaft *Notiz* aus.

Auch das Anbringen von Notizen in einem E-Book ist möglich.

Neben dem Erstellen von Notizen ist hier eine Reihe weiterer, sehr nützlicher Funktionen verfügbar.

- *Kopieren*: Wie wir bereits aus der Diskussion mit der Zwischenablage wissen, ist das iPad ein Computer. Via *Kopieren* wird ein Teil des E-Books in die Zwischenablage gelegt und kann an anderer Stelle weiterverwendet werden.
- *Definieren*: Via *Definieren* rufen Sie das interne Lexikon auf, das aber zunächst geladen werden muss.

Über „Definieren" können Begriffe in einem Lexikon nachgeschlagen werden. Via „Im Web suchen" bzw. „Wikipedia-Suche" wird der Suchbegriff an das Internet weitergegeben.

- *Markieren*: Markieren ist besonders nützlich, um bestimmte Textstellen hervorzuheben. Sobald Sie die *Markieren*-Funktion ausgewählt haben, können Sie sich auch für eine Markierungsvariante entscheiden.

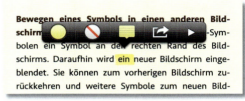

Neben der Farbauswahl können Sie auch Textstellen durchstreichen bzw. mit Notizen hinterlegen.

 Die farblichen Markierungen bzw. die Notizzettel sind natürlich über das Notizen-Verzeichnis einsehbar. Dort können diese durch Wischen von links nach rechts wieder entfernt werden.

- Über das sogenannte *Bereitstellen*-Feld können Textpassagen zum Beispiel per E-Mail oder per Facebook weitergegeben werden.

Über das Teilen-Feld können E-Book-Informationen weitergereicht werden.

- *Suchen*: Wie nicht anders zu erwarten, bekommen Sie über die *Suchen*-Funktion die Möglichkeit, in Ihrem gesamten E-Book nach einem Begriff suchen zu lassen und die Fundstellen aufzulisten.

Wir haben ja bereits die Funktion Siri kennengelernt, mit der es möglich ist, dem iPad Texte und Befehle einzugeben. Ist es nun auch andersherum möglich, dass uns das iPad im Bereich E-Books Texte vorliest? Selbstverständlich! Nur muss diese Funktion erst aktiviert werden. Sie aktivieren sie über *Einstellungen –> Allgemein –> Bedienungshilfen –> Auswahl vorlesen*.

Das iPad kann auch Texte vorlesen, sobald diese Funktion aktiviert ist.

Stellen Sie nun noch die Lesegeschwindigkeit bzw. den Lesedialekt ein und wechseln Sie zurück in das Programm iBooks.

Markieren Sie einen Text in Ihrem E-Book und wählen „Sprechen", um sich den Text vorlesen zu lassen.

Sie haben also gesehen, dass Sie mit dem Programm iBooks einen sehr bequemen und gut zu nutzenden E-Book-Reader bekommen.

Wenn Sie bereits E-Books im sogenannten Kindle-Format erworben haben, so können Sie auf Ihrem iPad die dazugehörige kostenfreie Kindle-App installieren und diese E-Books dann damit bequem lesen.

Sammlungen

Kommen wir noch einmal zurück zum Buchregal. Damit Sie bei vielen gekauften E-Books die Übersicht behalten, haben Sie die Möglichkeit, *Sammlungen* anzulegen und Ihre Bücher zu verwalten.

Über Sammlungen können Sie umfangreiche E-Book-Bibliotheken Ihren Bedürfnissen entsprechend kategorisieren.

Tippen Sie auf den Begriff *Neu*, um eine neue Sammlung zu erstellen. Um ein E-Book, das sich bereits jetzt in Ihrem Buchregal befindet, in eine andere Sammlung zu verschieben, wählen Sie ganz rechts oben den Begriff *Bearbeiten* aus, markieren das Buch und verwenden den Begriff *Bewegen*.

Ein E-Book wird von der Standardsammlung „Bücher" in eine andere Sammlung bewegt.

Dies können Sie mit mehreren E-Books gemeinsam erledigen. Und sicher haben Sie auch schon bemerkt, dass Sie die Inhalte einer Sammlung sowohl in der Listen- als auch in der Icon-Darstellung erhalten können.

Umfangreiche E-Book-Sammlungen sollten in der Listendarstellung übersichtlicher sein als in der Symboldarstellung. Weiterhin finden Sie im Fußbereich noch weitere Sortierkritieren wie Titel, Autoren, Kategorien, etc.

Weiterhin sehen Sie bei vielen Titeln in der Samlung *Gekaufte Bücher* auch hier rechts das iCloud-Symbol. Das heißt, diese E-Books wurden über die Apple-ID bereits geladen, befinden sich aber aktuell nicht auf dem iPad. Durch einmaliges Anklicken des Cloud-Symbols wird das E-Book auf Ihr Gerät heruntergeladen.

PDF und ePub

Es gibt verschiedene Dateiformate eines E-Books. Das derzeit gängige, das Apple im Rahmen des iBookstores verwendet, ist das sogenannte ePub-Format. Wie wir vorhin gesehen haben, ermöglicht das ePub-Format eine auf das Ausgabegerät angepasste Darstellung. Das heißt, über die Änderung der Schriftgröße, der Schriftart etc. und die Änderung der Ausrichtung vom Hoch- in das Querformat wird das Layout des digitalen Buchs ständig Ihrem Gerät angepasst.

Viele haben jedoch bereits digitale Bücher im sogenannten PDF-Format vorliegen. Das Programm iBooks kann auch PDF-Dateien hervorragend darstellen. Wie aber gelangen PDF-Dateien oder generell E-Books eigentlich in das Programm iBooks? Hier gibt es im Wesentlichen drei Möglichkeiten.

1. Wie eben gesehen, können E-Books bequem über den iBookstore in das Programm heruntergeladen werden. Das Dateiformat, das von Apple verwendet wird, ist ein sogenanntes ePub.

2. *Per E-Mail-Anhang:* Haben Sie zum Beispiel bereits PDF-E-Books oder auch ePub-E-Books aus anderen Stores erworben, können Sie diese per E-Mail an Ihr iPad senden. Tippen Sie auf den E-Mail-Anhang und übertragen diesen zum Programm iBooks.

   Tippen Sie mit Ihrem Finger auf den E-Mail-Anhang und wählen die Eigenschaft *In „iBooks" öffnen* aus. Daraufhin wird aus dem E-Mail-Programm das PDF-E-Book zum Programm iBooks übertragen.

In diesem Fall enthält die E-Mail als Anhang eine PDF-Datei.

Im Gegensatz zu einer ePub-Datei haben Sie nun keinerlei Möglichkeit, die Schriftgröße, Schriftart etc. zu ändern, denn das PDF ist starr in seinem Design und Layout. Aber am unteren Rand sehen Sie eine Übersicht aller PDF-Seiten, die dieses Dokument enthält.

Jetzt müssen Sie noch kontrollieren, ob die *Push-Funktion* bei *Einstellungen –> Datenabgleich* aktiviert ist (siehe Abschnitt weiter vorne). Ist dies der Fall, steht dem Auffinden des iPhones bzw. iPads über die Web-Applikation von iCloud nichts mehr im Wege.

Vorbereitungen für den Mac

Mit iCloud ist es nun auch möglich, einen Mac ausfindig zu machen, was mit MobileMe bisher nicht ging. Im Gegensatz zu den mobilen Geräten hat ein Mac aber kein GPS oder eine eingebaute Verbindung zum Mobilfunknetz. Wie kann der Mac also gefunden werden? Über die Wi-Fi-Hotspots lautet die Antwort. Sobald der Mac über Wi-Fi ins Internet geht, ist seine ungefähre Position lokalisiert. Das Gleiche trifft zu, wenn man einen Surfstick verwendet. Dieser baut die Internetverbindung ja über das Mobilfunknetz auf. Anhand dieser Tatsachen kann also auch ein Mac aufgespürt werden.

Auf dem Mac muss in den iCloud-Einstellungen die Funktion „Meinen Mac suchen" aktiviert werden.

Eine PDF-Datei fühlt sich in iBooks sehr wohl.

3. Darüber hinaus können E-Books über Zusatzprogramme wie iTunes, Dropbox, Air Sharing, GoodReader etc. von einem Computer auf das iPad übertragen werden. Wie das im Detail funktioniert, werden wir uns im letzten Kapitel noch genauer ansehen.

iBooks Authors-Textbooks

Neben den beiden E-Book-Typen PDF und ePub gibt es einen neuen E-Book-Typ, den Apple eingeführt hat. Mit dem Programm iBooks Author kann man sogenannte Textbooks erstellen. Diese sind weder PDF- noch ePub-Dateien und lassen sich sehr komfortabel und bequem auf einem iPad lesen und darstellen.

 Diese sogenannten iBooks-Author-Textbooks können lediglich auf einem iPad gelesen werden, wohingegen PDF- und ePub-Dateien auch auf anderen Geräten wie Computern oder iPhones bequem gelesen werden können.

Das besonders Tolle an diesen Textbooks ist, das dort neben einem wunderschönen Layout interaktive Elemente in die E-Book-Datei integriert werden können.

In den iBooks-Author-Textbooks wird das Lesen durch interaktive Elemente besonders spannend.

Sie sehen anhand des Bildschirmfotos ein sogenanntes interaktives Bild. Das heißt, das Bild enthält mehrere Bestandteile und durch Antippen eines Bestandteils wird der entsprechende Eintrag dargestellt und hervorgehoben. Auch Video- und Audioinformationen können in derartige Textbooks integriert werden. Mit dem Programm iBooks Author, das es kostenlos für Apple Computer im sogenannten Mac App Store gibt, kann man also ganz wunderschöne Bucherlebnisse auf das iPad bringen. Sie sollten einmal im iBookstore stöbern, denn dort gibt es bereits eine ganze Fülle sehr interessanter Textbooks.

Leider sieht man im iBookstore nicht auf den ersten Blick, ob es sich um ein reguläres ePub oder um ein multimedial angereichertes Textbook handelt.

Mit iBooks Author erstellte Textbooks erkennt man im iBookstore erst auf den zweiten Blick.

Sie sehen hier in den Detailinformationen eines E-Books die Voraussetzung zum Lesen des Titels: Dieses E-Book kann nur auf einem iPad angezeigt werden kann. Das ist ein deutlicher Hinweis dafür, dass es sich um ein multimedial angereichertes Textbook handelt.

Zeitungskiosk

Was die App iBooks für digitale Bücher (E-Books) ist, ist das Programm *Zeitungskiosk* für digitale Zeitschriften und Magazine. Auch diese App finden Sie standardmäßig bereits auf Ihrem iPad. Sobald Sie das Programm *Zeitungskiosk* starten, können Sie auch dort in einen Store gelangen und Zeitungen und Zeitschriften abonnieren. Im Regelfall sind digitale Magazine deutlich günstiger im Abonnement als deren gedruckte Ausgaben. Und genauso wie beim App Store werden Sie durch ein Update-Icon stets informiert, sobald eine neue Ausgabe zum Download bereit steht.

Automatische Downloads

Sie haben nun gesehen, dass Sie über den iTunes Store, über den iBookstore etc. sehr bequem in den verschiedenen Apple Stores einkaufen können. Noch deutlich bequemer macht es Ihnen Apple, wenn Sie in den *Einstellungen* bei *iTunes & App Stores* die automatischen Downloads aktivieren.

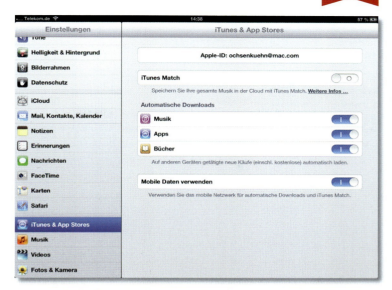

Automatische Downloads bringen Inhalte automatisch auf Ihr iPad.

Diese Funktion ist dann besonders nützlich, wenn Sie mehrere tragbare Apple-Geräte besitzen. Über automatische Downloads werden also auf einem anderen Gerät erworbene Filme, Musiktitel, E-Books etc. sogleich auf dieses Gerät heruntergeladen, wenn die entsprechende Funktion aktiviert ist. Verwenden Sie zusätzlich die Eigenschaft *Mobile Daten verwenden*, wenn Sie diesen automatischen Abgleich nicht nur per WLAN, sondern auch per 3G/LTE-Netzwerk verwenden möchten.

Noch einmal kurz zum Programm iBooks: Sollten Sie dort die auf einem anderen Gerät bereits verwendeten iBooks nicht dargestellt bekommen, so könnte es daran liegen, dass Sie in den *Einstellungen –> iBooks* die Funktion *Alle Einkäufe einblenden* nicht aktiviert haben.

Via „Alle Einkäufe einblenden" sehen Sie innerhalb des Programms iBooks in der Sammlung „Gekaufte Bücher" alle bereits erworbenen Bücher mit dem Cloud-Symbol.

Im Internet unterwegs – Safari

Im Internet unterwegs – Safari

Safari ist der Standardbrowser, der auf dem iPad hinterlegt ist, und wie wir bereits diskutiert hatten, sehr einfach über Gesten zu bedienen. Doch der Browser hat noch einige sehr raffinierte Funktionen an Bord, um effektiv mit Internetseiten umgehen zu können.

> **!**
>
> Sollten Sie bisher mit einem Windows-Computer gearbeitet haben, dann werden Sie rasch erkennen, dass nicht jede Internetseite auf einem iPad dargestellt wird. Das liegt daran, dass das iPad keine Installation sogenannter Plug-ins zulässt. Das bekannteste Plug-in kommt von der Firma Adobe und ist für Flash-Inhalte zuständig. Safari auf dem iPad kennt keinerlei Plug-ins. Deshalb sind bestimmte Informationen auf Internetseiten auf dem iPad nicht darstellbar. Und dafür gibt es keine Abhilfe und keinen Workaround.

Der Safari-Browser kann mehrere Internetseiten gleichzeitig darstellen. In Form von Tabs können Sie mehrere Seiten aufrufen.

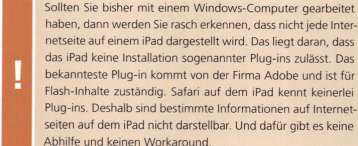

Durch das Tippen auf das Pluszeichen wird ein weiteres Browserfenster (ein weiterer Tab) geöffnet.

Und via Vor- und Zurückblättern ◀ ▶ können Sie wie bei jedem Browser bequem navigieren. Sofern Sie den Finger etwas länger auf einem der Buttons verweilen lassen, bekommen Sie eine Liste der zuletzt besuchten Internetseiten.

Das Vorwärts- und Rückwärtsblättern ist sehr pfiffig gelöst.

Und das ist ein Prinzip von Safari: Bleiben Sie etwas länger auf einem Element, werden dabei meist Zusatzfunktionen dargestellt:

- ➕-Icon Tabs: Sogleich erscheinen die zuletzt geschlossenen Tabs.
- Hyperlink auf Internetseite: Entscheiden Sie nun, ob die neue Internetseite beispielsweise als neuer Tab geöffnet werden soll oder der Leseliste hinzuzufügen ist, etc.
- Bild auf einer Internetseite: Via *Kopieren* geht's in die Zwischenablage und via *Bild sichern* sofort in die Fotos-App.

Reader

Sie kennen das sicher. Es gibt eine Menge interessanter Internetseiten, doch meist gibt es mehr Werbung als sinnhaften Text auf der Seite zu erkennen. Dieser Angelegenheit hat sich Apple angenommen und bietet über die Reader-Funktion eine sehr komfortabel zu bedienende Möglichkeit, um sich auf die Story einer Internetseite zu konzentrieren.

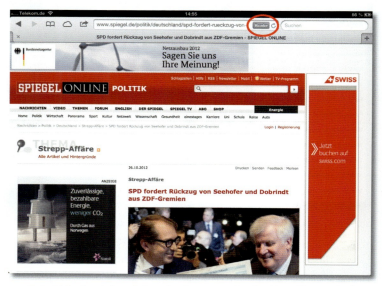

*Sobald in der Adressleiste der Internetseite der Begriff „Reader"
erscheint, kann diese Seite in einer modifizierten Darstellung
betrachtet werden.*

Tippen Sie einmal auf den Begriff *Reader*, um sogleich eine völlig neue Darstellung der Internetseite zu bekommen.

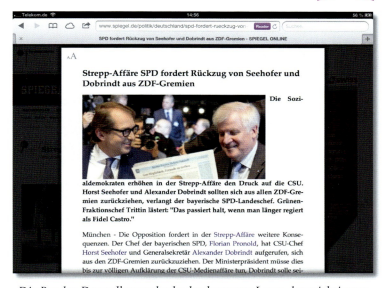

Die Reader-Darstellung erlaubt das bequeme Lesen der wichtigsten Informationen einer Internetseite.

Und Sie sehen links oben in der Ecke auch erneut das Icon mit den zwei ᴀA, mit denen Sie in gewissen Grenzen die Schriftgröße dies Textes modifizieren können. Sie sehen weiterhin, dass Sie nun ohne lästige Werbeeinblendungen den für Sie interessanten Text in Ruhe lesen können. Um die Reader-Darstellung zu verlassen, tippen Sie erneut auf den Begriff *Reader* in der Adresszeile. Daraufhin kehren Sie zur regulären Darstellung der Internetseite zurück.

Den Internetbrowser Safari gibt es nicht nur auf dem iPad, auch für das iPhone, und für Mac und Windows. Auf all diesen Geräten existiert ebenfalls die Reader-Darstellung.

Wie soeben erwähnt, erscheint der Begriff *Reader* in der Adressleiste automatisch. Sie können ihn nicht erzwingen. Das heißt, Apple liest die Struktur der Internetseite aus, und nur wenn die Reader-Darstellung möglich ist, wird der entsprechende Button auch eingeblendet.

Safari kennt noch zwei weitere sehr effektive Gesten, um mit Internetseiten gut umgehen zu können. Zum einen bringt das doppelte Antippen eines Artikels einer Webseite den Vorteil, dass dieser bildschirmfüllend dargestellt wird. Erneutes Doppeltippen bringt wieder die vorherige Ansicht. Und möchten Sie ganz schnell erneut an den oberen Anfang der Webseite gelangen, so tippen Sie einfach in der Menüleiste ganz oben auf die Uhrzeit und schwupps saust die Anzeige an den Anfang zurück. Dieses superschnelle Scrollen funktioniert auch in anderen Programmen wie Mail, Erinnerungen, etc.

Suchen

Keine Frage, manchmal müssen Sie im Internet nach Dingen suchen. Auf dem iPad ist im Regelfall Google als Suchmaschine eingerichtet. Sie können diese Einstellung überprüfen, indem Sie in den *Einstellungen* bei *Safari* den Eintrag *Suchmaschine* aufrufen.

Das iPad hat neben Google auch Yahoo und Bing als Suchmaschine an Bord.

Sobald Sie die gewünschte Einstellung vorgenommen haben, können Sie rechts neben der Adressleiste im Browser in das Suchen-Feld tippen und dort den gewünschten Suchbegriff eingeben. Wenn Sie nun genauer hinsehen, werden Sie erkennen, dass neben den Suchmaschinen-Vorschlägen (zum Beispiel von Google) auch Fundstellen auf dieser Internetseite dargestellt sind.

Das Suchfeld ist sowohl für die Internetsuchmaschine als auch für die Suche auf der aktuell geladenen Webseite zuständig.

Darüber hinaus sehen Sie, dass oberhalb der Tastatur auch der Eintrag *Auf dieser Seite suchen* existiert, wo Sie ebenfalls für die aktuelle Internetseite einen Suchbegriff eintragen können.

Leseliste und Lesezeichen

Wenn Sie nun eine interessante Internetseite gefunden haben, möchten Sie diese auch im Zugriff behalten. Die gängige Möglichkeit sind hierzu die sogenannten Lesezeichen. Um ein Lesezeichen zu erzeugen, wählen Sie links neben der Adressleiste das sogenannte *Teilen-* oder *Bereitstellen*-Feld aus und dort den Eintrag *Lesezeichen*.

Via „Teilen"-Feld stehen mannigfaltige Funktionen zur Verfügung.

Sogleich wird diese Internetseite zu einem Lesezeichen umgewandelt. Geben Sie noch einen griffigen Text ein und spezifizieren Sie, in welchen Lesezeichen-Ordner dieses Lesezeichen abgelegt werden soll. Das Lesezeichen-Icon selbst finden Sie links neben der Adressleiste.

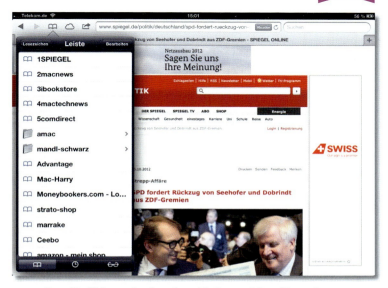

Das iPad bietet eine komfortable Lesezeichen-Verwaltung.

Hier können Sie Ordner erstellen und die Lesezeichen sinnhaft in diesen Ordnern verwalten.

Lesezeichen sind also die gängigste Möglichkeit, sich Internet-seiten, die man öfters benötigt, zu speichern. Aber Apple wäre nicht Apple, wenn es nicht weitere deutlich elegantere Möglichkeiten gäbe, wichtige Internetseiten abzulegen. Wenn Sie erneut auf das *Teilen*-Feld klicken, erhalten Sie die Eigenschaft *Zum Home-Bildschirm* hinzufügen. Damit wird ein Lesezeichen zu einem Icon auf Ihrem Homescreen. Probieren Sie das einfach einmal aus.

Anhand des Bildschirmfotos erkennen Sie, dass die Spiegel-Online-Internetseite nun ein Icon auf dem Homescreen geworden ist.

Und dieses verhält sich wie ein reguläres Lesezeichen, quasi wie eine App. Sobald Sie einmal auf dieses Icon tippen, wird der Safari-Browser gestartet und die dazugehörige Internetseite geladen.

Sie erinnern sich, dass man App-Icons in Ordner zusammenfassen kann. Das gilt natürlich genauso für Internetadressen, die Sie so als Icons auf dem Homescreen abgelegt haben. Erzeugen Sie Ordner, in denen Sie wichtige Internetadressen für Telebanking, für Ihren Verein, für private Hobbys etc. zusammenfassen, um schnell darauf zugreifen zu können.

Leseliste

Aber auch damit hat sich Apple noch nicht zufriedengegeben und noch zwei weitere sehr pfiffige Eigenschaften eingebaut. Vielleicht kennen Sie diese Situation: Sie sitzen zu Hause an Ihrem iPad und studieren eine Internetseite. Sie werden aber unterbrochen und müssen sich rasch auf den Weg machen, haben die Seite aber nicht vollständig studieren können. Über die Funktion *Zur Leseliste hinzufügen*, die Sie ebenfalls über das *Teilen*-Menü erreichen können, wird die Internetseite komplett in die sogenannte iCloud heruntergeladen und steht auch dann zum Lesen zur Verfügung, wenn Sie keine aktive Internetverbindung haben.

Sie erkennen, dass das Lesezeichen-Icon zum Leseliste-Icon mutiert und einen Downloadvorgang darstellt.

Der Vorteil liegt klar auf der Hand. Sie können nun die Internetseite in aller Ruhe weiterlesen, obwohl Sie vielleicht unterwegs gar keine Internetverbindung haben. Und noch raffinierter ist es, wenn Sie über mehrere Geräte verfügen, denn diese Internetseite wird auf allen Geräten heruntergeladen, die über die gleiche Apple-ID verfügen. Dies bewerkstelligt der iCloud-Account. Damit diese Eigenschaften wie Leselisten- oder Lesezeichen-Einträge auch synchronisiert werden, sollten Sie dies in den Einstellungen iCloud aktivieren. Notwendig ist, den Schieberegler *Safari* auf die Position I zu bringen.

*Wenn Sie die Safari-Synchronisation in den iCloud-Einstellungen
einschalten, werden Lesezeichen, Leselisten und weitere
Einstellungen automatisch synchronisiert.*

Übrigens verschwindet ein Eintrag der Leseliste wieder automatisch, sobald an einem Gerät der Artikel aufgerufen und gelesen wurde. Sie können einen Artikel ebenfalls durch Wischen
von links nach rechts aus der Liste entnehmen und somit löschen.

iCloud-Tabs

Und noch eine Eigenschaft wird so über verschiedene Geräte hin-
weg synchronisiert, nämlich die sogenannten iCloud-Tabs. Wenn
Sie Safari aufrufen und dort die Wolke antippen, bekommen Sie
eine Liste Ihrer Geräte mit den dort geöffneten Internetseiten.

Via iCloud-Tabs sehen Sie, welche Internetseiten Sie aktuell auf Ihren anderen Geräten geöffnet haben.

Das heißt, wenn Sie auch einen Mac besitzen, dort Safari einsetzen und die gleiche Apple-ID in den iCloud-Einstellungen hinterlegt haben, werden die bei geöffnetem Safari dort aufgerufenen Internetseiten auch auf Ihrem iPad dargestellt. Und genauso verhält es sich, wenn Sie zusätzlich noch ein iPhone verwenden. Alle Geräte verwenden die gleiche Apple-ID und müssen in den iCloud-Einstellungen die Safari-Synchronisation aktiviert haben. Drahtlos über Apples iCloud werden also diverse Einstellungen synchronisiert.

> **!** Sie beginnen zu verstehen, dass die Verwendung von iCloud äußerst nützlich ist. Nicht nur im Zusammenhang mit Safari, auch mit vielen anderen Programmen auf dem iPad, wie zum Beispiel Kontakte, Kalender, Erinnerungen etc. werden dabei die Inhalte drahtlos und für Sie als Anwender nutzbringend synchronisiert. iCloud ist kostenlos und kann mit einer Apple-ID aktiviert werden.

Safari-Einstellungen

In den *Einstellungen* bei *Safari* gibt es noch drei sehr nützliche und deshalb erwähnenswerte Funktionen, die Sie unbedingt testen sollten.

In den Safari-Einstellungen finden sich einige sehr interessante Perlen.

- *Privates Surfen:* Vielleicht kennen Sie diese Situation: Sie haben Besuch und dieser möchte kurzfristig Ihr iPad verwenden. Sie möchten aber nicht, dass die dort besuchten Internetseiten vom iPad gespeichert werden. Privates Surfen ist eine sehr einfache Eigenschaft, damit eine andere Person Ihr iPad und das Programm Safari verwenden kann, ohne Spuren auf Ihrem iPad zu hinterlassen. Sobald das private Surfen aktiviert ist, erkennen Sie das daran, dass Safari nun in dunklem Gewand erscheint.

Das private Surfen ist aktiv und Sie hinterlassen keine Spuren auf dem iPad.

- *Autom. ausfüllen*: Diese Funktion sollten Sie unbedingt aktivieren, denn damit können Sie Safari erlauben, Namen und Kennwörter zu speichern.

Über „Autom. ausfüllen" kann sich Ihr Browser Namen und Kennwörter merken.

Wenn Sie nun beispielsweise eine Internetseite aufrufen, auf der Sie Ihre Zugangsdaten eintragen müssen, kann der Browser Safari anfragen, ob er sich diese merken soll.

Safari kann sich Log-in-Daten von Internetseiten für Sie merken.

Sofern Sie hier mit *Ja* antworten, brauchen Sie bei einem erneuten Besuch der Internetseite Ihre Zugangsdaten nicht mehr einzugeben. Das ist natürlich eine sehr praktische Funktion, aber – sofern noch weitere Personen Zugriff auf Ihr iPad haben – ein Sicherheitsrisiko.

- *Lesezeichenleiste immer einblenden:* Wie Sie vorhin gesehen haben, können Sie mit Safari auf dem iPad wichtige Internetseiten als Lesezeichen (Favoriten) ablegen. Innerhalb der Lesezeichen-Verwaltung gibt es einen Ordner mit dem Namen *Leiste*. All die darin abgelegten Internetadressen können Sie permanent unterhalb der Adresszeile Ihres Browsers darstellen lassen. So haben Sie die wichtigen Internetseiten stets mit einem Fingertipp im Zugriff.

> **!** Genauso wie ein Browser auf einem Computer, merkt sich natürlich Safari die besuchten Internetseiten, erstellt also einen Verlauf. Am unteren Rand der Lesezeichen-Verwaltung finden Sie ein Icon mit einer Uhr 🕐, über die Sie die besuchten Internetseiten, also den **Verlauf**, einsehen können.

In Verbindung bleiben — Kommunikation

In Verbindung bleiben – Kommunikation

Keine Frage, das iPad ist kein iPhone. Deswegen kann mit dem iPad auch nicht so einfach telefoniert werden. Zumindest nicht auf den ersten Blick. Auf den zweiten Blick funktioniert das aber schon, und es gibt eine Reihe weiterer Möglichkeiten, wie Sie mit Ihren Freunden, Bekannten und Liebsten in Kontakt treten können. Freuen wir uns also, alle Möglichkeiten der Kommunikation im Rahmen dieses Kapitels eingehender zu begutachten.

Twitter und Facebook

In den Einstellungen können zentral für das Betriebssystem die Twitter- und Facebook-Daten hinterlegt werden.

Tragen Sie beispielsweise Ihre Twitter-Daten in den *Einstellungen* ein, können Sie sogleich die kostenlose Twitter-App aus dem App Store herunterladen, um Ihre Twitter-Aktivitäten fortzuführen.

Etwas anders verhält es sich bei Facebook. Auch bei den Facebook-Einstellungen sind die Daten zu hinterlegen.

Facebook-Anmeldedaten wurden erfolgreich auf dem iPad hinterlegt.

Sie sehen, dass nun nicht sofort die Aufforderung folgt, die Facebook-App herunterzuladen, sondern auf Ihrem iPad befinden sich bereits einige Programme, die mit Facebook-Daten gefüllt werden können, wie zum Beispiel Ihre Kontakte-App. Wenn Sie dies zulassen, dann wird in Ihrer Kontakte-App eine neue Gruppe namens *Facebook* angelegt, wo sich all Ihre Facebook-Freunde wiederfinden. Von dort aus können Sie zum Beispiel per E-Mail mit diesen Personen in Kontakt treten. Erst im zweiten Schritt bietet Ihnen Ihr iPad an, die Facebook-App auf Ihrem iPad zu installieren.

Selbst für Facebook steht im App Store eine kostenlose App zur Verfügung.

Neben der Kontakte-App kann auch die Kalender-App mit Daten aus Facebook versorgt werden. Das sind im Regelfall die von Ihren Facebook-Mitgliedern hinterlegten Geburtstagstermine, die sich dann automatisch in Ihrem Kalender befinden.

Wenn Sie nun per Twitter oder Facebook etwas mitteilen möchten, dann ist dies auf dem iPad sehr einfach möglich.

Ich stelle Ihnen hier drei nützliche Wege vor, um neue Twitter- oder Facebook-Einträge zu erstellen:

1. *Siri:* Verwenden Sie Siri, um per Twitter oder Facebook eine neue Nachricht einzustellen. Für Twitter sprechen Sie beispielsweise „Erstelle einen Tweet". Für Facebook sagen Sie „Poste an meine Pinnwand" und geben hernach noch die Information ein.

Siri erstellt einen Tweet, der via Twitter kommuniziert wird.

Über Siri erhalten Sie somit eine genial einfach zu bedienende und extrem rasche Möglichkeit, um neue Informationen in Facebook oder Twitter weiterzugeben.

2. Sie erinnern sich sicherlich an die Mitteilungszentrale. Achten Sie darauf, dass Sie in den *Einstellungen –> Mitteilungen* die Eigenschaft *Widget senden* in der Mitteilungszentrale aktiviert haben.

Die Funktion „Widget senden" sollte in der Mitteilungszentrale aktiviert sein.

Wenn Sie nun durch Ziehen der Uhrzeit nach unten die Mitteilungszentrale aufrufen, erhalten Sie zwei Einträge: nämlich *Zum Twittern tippen* bzw. *Zum Posten tippen*.

Über die Mitteilungszentrale können nun ebenfalls neue Informationen weitergegeben werden.

Tippen Sie auf einen der beiden Einträge, können Sie sofort eine Nachricht erfassen.

Eine Facebook-Nachricht kann zusätzlich eine Ortsinformation enthalten, aber auch nur an einen bestimmten Personenkreis gesendet werden.

3. Kommen wir noch einmal zurück zu Safari. Sie erinnern sich an die *Teilen*-Funktionalität neben der Adressleiste. Dort finden Sie die Begriffe *Twitter* und *Facebook* wieder.

Über das „Teilen-Feld" in diversen Applikationen können Informationen direkt zu Twitter oder Facebook übermittelt werden.

Diese Funktionalität ist an sehr vielen Stellen möglich, nicht nur innerhalb von Safari. Auch Ihre Software iBooks kann Informationen von E-Books an diese sozialen Netzwerke weitergeben. Und in den Stores (App Store, iTunes Store, etc.) gibt es ebenfalls Verlinkungen zu Facebook.

Und wie verhält es sich umgekehrt? Wie werden Sie also informiert, sobald via Facebook oder Twitter von anderen neue Informationen eingetragen wurden? Ganz einfach: über die Mitteilungszentrale!

 Notwendig ist hierzu, dass Sie die Facebook- bzw. Twitter-App installiert und schon einmal gestartet haben.

Beim ersten Start der Facebook- bzw. Twitter-App werden Sie gefragt, ob Sie Push-Nachrichten erlauben möchten.

Falls Sie dies akzeptieren, bedeutet das nichts anderes, als dass sich Twitter bzw. Facebook in die Mitteilungszentrale einklinken. Je nachdem, wie Sie es speziell für diese App konfigurieren, werden neue Informationen per *Banner*, per *Hinweis*, per *Töne* oder wie auch immer auf Ihrem Bildschirm erscheinen.

Facebook ist nun Bestandteil der Mitteilungszentrale. Neue Informationen werden per Banner auf Ihrem Display dargestellt.

Sie sehen an der Stelle wieder sehr schön, wie die verschiedenen Elemente eines iPads ineinandergreifen, wie die zentrale Konfiguration der Twitter- und Facebook-Accounts an die Apps weitergereicht wird und wie die Apps ihrerseits dann über die Mitteilungszentrale mit dem Betriebssystem sprechen. Also eine sehr enge und für Sie als Anwender nützliche Verzahnung.

 Auch das Betriebssystem Mountain Lion, das auf Apple-Computern läuft, kennt diese Funktionen.

Nachrichten

Wir haben vorher erwähnt, dass über das iPad – anders als über das iPhone – nicht einfach telefoniert werden kann. Dennoch können Sie von Ihrem iPad auch kostenlose SMS- bzw. MMS-Nachrichten an andere Apple-Anwender versenden. Notwendig hierzu ist? Ja, Sie wissen es längst: die Apple-ID. Tragen Sie diese bei *Nachrichten* ein.

Die Apple-ID wird für die Verwendung von iMessage eingetragen.

Tippen Sie anschließend auf *Anmelden* und geben Ihr Apple-ID-Kennwort ein. Schon ist Ihr iPad bereit, um Nachrichten mit anderen Geräten kostenfrei auszutauschen, die ebenfalls in *Nachrichten* Ihre Apple-ID hinterlegt haben.

Bevor Sie die Einstellungen bei **Nachrichten** verlassen, aktivieren Sie noch die Eigenschaft **Lesebestätigungen**. Damit können andere erkennen, ob Sie eine Nachricht erhalten bzw. gelesen haben. Weiterhin können Sie bei **Senden** und **Empfangen** neben der Apple-ID noch weitere E-Mail-Adressen mit aufnehmen, um darüber Nachrichten zu empfangen und zu versenden.

Das Programm Nachrichten selbst ist sehr einfach in der Bedienung.

Tippen Sie links oben auf den Button „Neue Nachricht erstellen" und geben Sie dort die E-Mail-Adresse eines oder mehrerer Empfänger an.

 Alternativ können Sie natürlich auch auf Adressen Ihres Kontakte-Programms zurückgreifen.

Eine neue Nachricht wird erstellt.

Tippen Sie dann den Nachrichtentext ein. Wenn Sie möchten, können Sie noch ein Foto oder ein Video an diese Nachricht anhängen. Dieses können Sie entweder unmittelbar über die Kamera erstellen oder aus der Foto-App verwenden.

> **!** Das Versenden von Nachrichten mit Text-, Bild- und Video-informationen wird von Apple über die kostenfreie Apple-ID abgewickelt und funktioniert nur, wenn die Empfänger ebenfalls eine Apple-ID auf seinen Geräten eingestellt haben. Das sind Anwender, die einen Mac, ein iPhone oder ein iPad verwenden. Das heißt, es verhält sich anders als bei SMS- oder MMS-Nachrichten, wo Sie geräteübergreifend Informationen senden können. Für diesen Nachrichtendienst sind Sie auf Geräte der Firma Apple angewiesen.

Dieser Empfänger verfügt über keine aktive Apple-ID.

Sie sehen bereits anhand des roten Ausrufezeichens, dass die Nachricht, die Sie jetzt an diesen Empfänger versenden möchten, nicht möglich ist, da dieser über keine Apple-ID verfügt.

> **!** Um zu einem späteren Zeitpunkt Nachrichten oder komplette Konversationen zu löschen, tippen Sie entweder links oben auf **Bearbeiten** bzw. rechts oben auf das **Teilen**-Feld.

FaceTime

Na gut, Sie haben recht, über iMessages (Nachrichten) können wir noch nicht telefonieren, aber zumindest per Text, Foto und Video kommunizieren. Soll die Verbindungsaufnahme noch direkter sein, können Sie FaceTime verwenden. FaceTime ist Bildtelefonie. Sie haben längst erraten, was notwendig ist, um mit FaceTime zu arbeiten. Richtig, Sie müssen die Apple-ID hinterlegen! Wo? Natürlich in den *Einstellungen* und dort wiederum bei *FaceTime*.

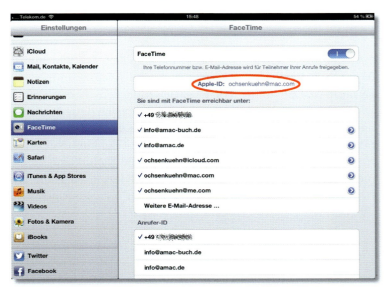

FaceTime kann nur aktiv werden, wenn auch hier die Apple-ID eingetragen ist.

Und, wie Sie anhand des Bildschirmfotos sehen, können Sie hier auch weitere E-Mail-Adressen eintragen, unter denen Sie dann per FaceTime erreichbar sind.

> **!** Sie haben ja vorhin beim Programm **Nachrichten** gesehen, dass nicht alle Anwender über eine Apple-ID verfügen. Es könnte also sein, dass Sie von einem anderen Anwender eine E-Mail-Adresse haben, die keine Apple-ID ist. Würde dieser aber seine E-Mail-Adresse seiner Apple-ID zuordnen, wäre er sowohl per Nachrichten als auch über FaceTime erreichbar. Ergo: Sie selbst sollten Ihre E-Mail-Adressen an die Apple-ID andocken, damit Sie von potenziellen Kommunikationspartnern über Nachrichten oder auch FaceTime erreicht werden können.

An der Stelle sehen Sie übrigens auch an dem Bildschirmfoto, dass neben den E-Mail-Adressen auch eine Telefonnummer eingetragen ist. Das kommt daher, weil ich zudem ein iPhone besitze. Da dieses eine Telefonnummer besitzt, trägt sich diese Nummer automatisch in die FaceTime-, aber auch in die Nachrichtenkontakte ein. Das heißt, sendet jemand an diese Telefonnummer eine Nachricht oder versucht, per Videotelefonie Kontakt aufzunehmen, wird der Anruf auf das iPad weitergeleitet.

Über FaceTime können Videotelefonate gestartet werden.

Sie sehen anhand des Bildschirmfotos, dass auf der rechten Seite die Adressen der Kontakte-App eingeblendet werden. Tippen Sie also auf eine Adresse und wählen Sie dort eine E-Mail oder auch eine Mobilfunk-Rufnummer aus, um ein Videotelefonat zu starten. Und sicher haben Sie den Button *Favoriten* schon bemerkt. Fügen Sie wichtige Gesprächspartner zu den Favoriten hinzu. Denn Sie erinnern sich: In den *Einstellungen* bei *Nicht stören* konnte man eintragen, dass bestimmte Personen die Nachtruhe unterbrechen dürfen, nämlich zum Beispiel FaceTime-Anrufer aus der Kategorie *Favoriten*.

Die „Nicht stören"-Ruhe kann durch FaceTime-Anrufe von
bestimmten Personengruppen unterbrochen werden.

Noch zwei letzte Anmerkungen zu FaceTime: Die neuen trag-
baren iPad- und iPhone-Modelle ab 2012 sind in der Lage, nicht
nur per WLAN, sondern auch per 3G/LTE-Netzwerk eine Bildte-
lefonieverbindung aufzubauen. Damit das funktioniert, muss es
in den *Einstellungen* auch konfiguriert werden.

Wenn Sie unterwegs FaceTime-Anrufe bekommen und senden wollen,
aktivieren Sie „Mobile Daten verwenden" in den dazugehörigen
Einstellungen.

Und auch das ist möglich: Während Sie einen FaceTime-Anruf
führen, können Sie durch Tippen auf den Homebutton die App
verlassen und eine andere App starten, um irgendetwas nachzu-
sehen – z. B. den Kalender zu prüfen oder in den Erinnerungen
einen Eintrag vorzunehmen.

*Während eines FaceTime-Anrufes können andere Apps gestartet
und verwendet werden. Über die Menüleiste kommt man wieder zu
FaceTime zurück.*

E-Mail

Die noch gängigste Kommunikationsmöglichkeit über das Internet ist das Senden von E-Mails. Und keine Frage, auch das iPad versteht sich ganz hervorragend auf das E-Mailen. Bevor Sie das erste Mal das Programm Mail starten und zu arbeiten beginnen, sollten Sie in den Einstellungen die notwendigen Konfigurationen vornehmen.

> **!**
>
> Sie erinnern sich, bei der Installation Ihres Geräts konnten Sie eine Apple-ID eintragen und iCloud spezifizieren. Haben Sie dies während der Installation bereits getan, sind in den Einstellungen bei **Mail, Kontakte, Kalender** sowie bei **Nachrichten** als auch bei **FaceTime** bereits Ihre Apple-ID-Daten hinterlegt. Ebenso haben iTunes und App Store die Apple-ID bekommen. Wenn Sie das während der Installation noch nicht erledigt haben, müssen Sie eben nachträglich in den jeweiligen Kategorien Ihre Apple-ID-Daten und das dazugehörige Kennwort eintragen.

Aber kommen wir zurück zu der Möglichkeit des E-Mail-Sendens und -Empfangens. Haben Sie in den iCloud-Einstellungen die Apple-ID eingetragen und den Schieberegler bei *Mail* aktiviert, so erhalten Sie einen E-Mail-Account, der im Bereich *Mail, Kontakte, Kalender* fertig eingerichtet ist.

Der iCloud-Account hat sich als Mail-Account sofort eingetragen.

Beachten Sie dabei, dass Sie einige wichtige Grundeinstellungen des Programms *Mail* vorgenommen haben:

- *Datenabgleich:* Via Datenabgleich regeln Sie, ob Ihr E-Mail-Programm die E-Mails automatisch (*Push*) oder zu bestimmten Zeiten laden soll (*Alle 15 Minuten, Alle 30 Minuten, Stündlich, Manuell*). Wenn Sie den automatischen E-Mail-Abruf aktivieren, kostet das bisweilen etwas Akkulaufzeit. Das Zeitraster bzw. manuelles Laden ist zu empfehlen, wenn Sie weniger häufig E-Mails bekommen und diese weniger dringend sind. Weiterhin können Sie das Laden der E-Mails manuell starten, wenn Sie Liste nach unten ziehen.

Durch Ziehen der Liste nach unten, werden neue E-Mails geladen.

- *Anzeigen:* Bei *Anzeigen* ist standardmäßig eingestellt, dass die letzten 50 E-Mails auf Ihrem iPad in der Liste dargestellt werden. Weitere E-Mails bekommen Sie, wenn Sie im E-Mail-Programm auf *Weitere E-Mails laden* tippen.

*Auf dem iPad befindet sich nur ein Teil des kompletten
E-Mail-Verkehrs.*

Sie können hier auch angeben, dass Sie die letzten 100, 500
oder auch 1.000 E-Mails auf Ihrem iPad vorrätig sein sollen. Selbstverständlich werden diese E-Mails dann auf Ihr
iPad heruntergeladen, was wiederum Speicherplatz kostet.
Eine gute, weil vielleicht praktikable Lösung ist das Anzeigen der letzten 100 bzw. 200 E-Mails.

- *Blindkopie an mich:* Es gibt viele Anwender, die diese Funktion aktivieren. Jede gesendete E-Mail wird daraufhin per
Bcc automatisch auch an Sie gesendet.

Jede E-Mail, die das iPad verlässt, wird aber zudem innerhalb
des E-Mail-Accounts im **Gesendet**-Ordner abgelegt. Deshalb
ist es eigentlich nicht notwendig, die Bildkopie zu verwenden.

- *Signatur:* Wenn Sie von Ihrem iPad auch E-Mails versenden, dann wäre es sinnvoll, dass Sie hier eine individuelle Signatur eingeben und den Eintrag *Von meinem iPad gesendet* durch Ihren Textbeitrag ersetzen.

Da, wie ja schon öfters erwähnt, das iPad ein leistungsfähiger Computer ist, können Sie weitere E-Mail-Konten anlegen. Wählen Sie hierzu bei *Mail, Kontakte, Kalender* den Eintrag *Account anzeigen*. Sogleich erhalten Sie eine ganze Fülle an bereits vordefinierten E-Mail-Konten zur Auswahl. Dort genügt die Angabe Ihrer E-Mail-Adresse und des Kennworts. Alles andere wurde bereits automatisch für Sie hinterlegt.

Sie können weitere E-Mail-Konten auf Ihrem iPad hinterlegen.

Via *Andere* können Sie E-Mail-Accounts hinzufügen, die nicht aufgelistet sind.

Sofern Sie andere E-Mail-Konten hinzufügen, sollten Sie natürlich die Einstellungen für diese E-Mail-Konten kennen, damit die Erstellung auch vonstattengehen kann.

Je mehr E-Mail-Postfächer Sie eingerichtet haben, desto mehr Accounts bzw. Posteingänge finden Sie im Programm Mail.

Für jedes E-Mail-Konto, das eingerichtet wird, erhalten Sie einen neuen Eintrag bei *Accounts*. In den Posteingängen sehen Sie ebenfalls die E-Mail-Konten getrennt voneinander. Über den Eintrag *Alle* sehen Sie alle empfangenen E-Mails, unabhängig davon, an welche E-Mail-Adresse diese gesendet wurden.

Wenn Sie nun neue E-Mails erstellen, können Sie natürlich wählen, von welchem Account aus die Mail versendet wird. Den *Standardaccount* definieren Sie in *Einstellungen –> Mail, Kontakte, Kalender*.

Tippen Sie auf Account, um den Absender des E-Mails festlegen zu können.

Verwenden Sie den Bereich *Accounts*, um dort die Details eines E-Mail-Accounts aufzurufen, wie zum Beispiel die angelegten Ordner.

Über die „Accounts" kommen Sie zur Detaildarstellung der Postfächer. Dort sehen Sie zum Beispiel Ordner, die in den E-Mail-Konten angelegt sind.

Via *Bearbeiten* können Sie neue Ordner erstellen bzw. existierende Ordner löschen oder Ordnernamen umbenennen.

Sicher haben Sie bereits an einem Computer mit E-Mails zu tun gehabt. Nicht sehr viel anders verhält sich auch das iPad. Deshalb möchte ich Ihnen an dieser Stelle acht Top-Tipps geben, was Sie am iPad mit E-Mails alles tun können.

Formatieren von E-Mails

Das Programm *Mail* am iPad ist in der Lage, sogenannte HTML-, also formatierte E-Mails zu senden. Tippen Sie auf den Button *Neue E-Mail erstellen* und geben Sie eine Empfängeradresse ein.

E-Mails können mit verschiedenen Formatierungen versehen werden.

Um nun Formatierungen vorzunehmen, markieren Sie einen Text innerhalb Ihrer E-Mail und tippen auf den Button **B**_I_U̲, um Texte zum Beispiel fett, kursiv oder auch unterstrichen zu formatieren.

> Bitte vergessen Sie beim Schreiben eines E-Mail-Texts Siri nicht. Siri bzw. die Diktierfunktion finden Sie unten in der Tastatur. Bevor Sie sich also abmühen und mit der Tastatur den E-Mail-Text erfassen, wählen Sie doch besser die Diktierfunktion und sprechen einfach den gewünschten Text. Das geht im Regelfall deutlich schneller.

Aber wieder zurück zu den Formatierungen. Neben der Möglichkeit, Texte zu gestalten, können Sie sehr einfach Bilder oder Videos direkt in die E-Mail einfügen.

Auch das direkte Einfügen von Fotos oder Videos in eine E-Mail gelingt im Handumdrehen.

Tippen Sie den entsprechenden Button an und sogleich erhalten Sie eine Übersicht all der Fotos und Bilder, die sich innerhalb Ihrer Fotos-App befinden. Schneller und einfacher kann man die Integration von Foto- und Videodaten in eine E-Mail kaum bewerkstelligen.

E-Mails markieren

Vielleicht geht es Ihnen so wie mir. Ich arbeite sehr intensiv mit der E-Mail-Funktion auf dem iPad. Sehr viele, auch geschäftliche Dinge werden dabei zur Sprache gebracht und wollen geregelt werden. Damit ich diese E-Mails nicht aus den Augen verliere, bietet die Mail-App auch die Eigenschaft, wichtige E-Mails zu markieren, sprich mit einem *Etikett* zu versehen.

E-Mails können mit einem Etikett versehen werden.

Dabei können E-Mails entweder im Posteingangs- oder im Postausgangsbereich etikettiert werden. Alle etikettierten E-Mails finden sich dann in der Kategorie *Markiert* innerhalb des Posteingangs.

Alle markierten E-Mails versammeln sich in dem neuen Posteingangskorb „Markiert".

Sobald Sie einer E-Mail die Eigenschaft *Etikett entfernen* vergeben, ist das Etikett verschwunden und die E-Mail wird nicht mehr im Posteingangsbereich *Markiert* dargestellt.

> **!** E-Mails, die ein Etikett erhalten, werden nicht aus dem Posteingangsordner heraus und in den Bereich **Markiert** hinein bewegt, sondern erscheinen an einer zweiten Stelle erneut.

> **!** Sie haben bereits gesehen, dass Sie über die Markierung auch schon einmal gelesene E-Mails erneut als **ungelesen** markieren können.

VIPs

VIP steht führ Very Important Persons. Im Bereich E-Mail bedeutet das nichts anderes, als dass Sie bestimmte E-Mail-Adressen als VIP-E-Mail-Adressen einstufen und damit aus der Masse herausnehmen. Gehen Sie hierzu in die Übersicht der Postfächer und tippen Sie auf den weißen Pfeil auf blauem Hintergrund neben dem Begriff *VIP*. Verwenden Sie dann die Funktion *VIP hinzufügen*, um eine neue Person in diese Kategorie aufzunehmen.

Über „VIP hinzufügen" können weitere E-Mail-Adressen als VIP-E-Mails gekennzeichnet werden.

Weiterhin können Sie über *Bearbeiten* selbstverständlich E-Mail-Adressen wieder aus der VIP-Liste entfernen. Sicher haben Sie im Posteingangsbereich bereits die Kategorie *VIP* gesehen. Ähnlich wie bei der Markierung, werden nun E-Mails, die von VIPs kommen, in dem Eingangskorb *VIP* zusätzlich dargestellt. Somit haben Sie sehr schnell Zugriff auf wichtige E-Mails. Besonders elegant ist die Kombination mit der Mitteilungszentrale. Wenn Sie in den *Einstellungen* bei *Mitteilungen* den Bereich *Mail* öffnen, finden Sie auch dort die Kategorie *VIP*.

Sie können die VIP-E-Mails in der Mitteilungszentrale noch einmal deutlich hervorheben, indem Sie beispielsweise definieren, dass nur E-Mails von VIPs als Banner oder Hinweis auf Ihrem iPad erscheinen.

Konversation

Kommen wir noch einmal ganz kurz auf die Einstellungen des Programms *Mail* zurück. (*Einstellungen –> Mail, Kontakte, Kalender*). Dort finden Sie die Eigenschaft *Nach E-Mail-Verlauf*.

Wenn Sie die Eigenschaft „Nach E-Mail-Verlauf" aktivieren, werden E-Mails nach Konversationen gruppiert.

Das bedeutet, dass thematisch zusammengehörige E-Mails einer Personen automatisch in Ihrem E-Mail-Programm gruppiert werden. Sie erkennen das daran, dass Sie Ziffern neben der E-Mail sehen.

Sie sehen hier, dass es an vier Stellen gruppierte E-Mail-Konversationen gibt.

Durch ein Tippen auf die Ziffer erscheint der komplette E-Mail-Verkehr mit der betreffenden Person. Und das ist, wenn Sie genau darüber nachdenken, eine sehr praktische Eigenschaft. Sie kennen das sicher: Sie senden eine E-Mail, bekommen eine Antwort, reagieren erneut, es erfolgt wieder eine Antwort etc. – und so entsteht ein reger Dialog. Nur sind leider Gottes die einzelnen E-Mails über Ihren ganzen Posteingangsserver verstreut. Über diese Gruppierung erscheinen Sie jedoch geballt an einer Stelle und Sie können sehr entspannt die Konversation nachverfolgen.

Signaturen

Eine Signatur ist immer etwas, das am Ende einer E-Mail anhängt. Neu in iOS 6 ist die Eigenschaft, jedem E-Mail-Account eine eigene Signatur zuweisen zu können. Tun Sie dies, indem Sie in *Einstellungen –> Mail, Kontakte, Kalender* den Eintrag *Signatur* anwählen und dort umschalten auf *Pro Account*.

Jedes E-Mail-Konto kann eine eigene Signatur bekommen.

Und das ist auch gut so, denn Sie wollen beispielsweise auf Ihrem iPad berufliche und private E-Mails trennen. Deswegen soll für jeden Account eine unterschiedliche Signatur zur Anwendung kommen.

E-Mail-Postfächer erstellen

Wir haben es vorhin bereits erwähnt: Auch das Erstellen eigener Ordner bzw. Postfächer ist mit dem Mail-Programm am iPad möglich.

Ihre E-Mail-Postfächer können durch weitere Unterordner gegliedert werden.

Gehen Sie dazu zunächst auf die Übersicht der Postfächer und wählen Sie den Account aus. Via *Bearbeiten* und anschließend *Neues Postfach* erscheint der im Bildschirmfoto zu sehende Dialog. Sogleich reiht sich der neue Ordner (das neue Postfach) in Ihren E-Mail-Account ein.

Das neue Postfach ist erfolgreich erzeugt worden.

Wollen Sie selbst erzeugte Postfächer wieder löschen, tippen Sie auf *Bearbeiten* und anschließend auf das Postfach, das gelöscht werden soll.

Selbstverständlich ist auch das Löschen von selbst erstellten Postfächern möglich.

E-Mails verschieben

Nachdem Sie gesehen haben, dass es ganz einfach ist, neue Postfächer zu erstellen, könnte in Ihnen der Wunsch aufgekommen sein, E-Mails aus dem Posteingangsordner auf verschiedene Ordner aufzuteilen. Um dies zu bewerkstelligen, gehen Sie in den Posteingang, wählen die Funktion *Bearbeiten* aus und markieren die E-Mails, die Sie bewegen wollen.

Im Posteingang wurden drei E-Mails markiert. Über den Button „Bewegen" kommen Sie in die Übersicht des aktuellen Postfachs.

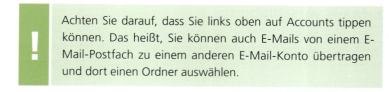

Achten Sie darauf, dass Sie links oben auf Accounts tippen können. Das heißt, Sie können auch E-Mails von einem E-Mail-Postfach zu einem anderen E-Mail-Konto übertragen und dort einen Ordner auswählen.

Soll nur eine E-Mail bewegt werden, verwenden Sie den Ordner-Button im rechten oberen Bereich des E-Mail-Fensters.

Über das Ordner-Icon kann eine E-Mail rasch in einen anderen Ordner einsortiert werden.

Wie Sie vorhin gesehen haben, ist das Markieren mehrerer E-Mails rasch erledigt. Dabei ist **Bewegen** nur eine der möglichen Optionen, auch **Löschen** und **Markieren** stehen zur Auswahl.

E-Mail-Attachment

Keine Angst, auch mit Anhängen kann das iPad umgehen. Wenn Ihnen andere Anwender eine Datei an eine E-Mail anhängen, so wird diese auf dem iPad natürlich empfangen. Ab einer gewissen Größe kann es sein, dass Sie die Datei noch einmal antippen müssen, um Sie auf Ihr iPad herunterzuladen.

Der Pfeil in dem Datei-Icon zeigt Ihnen an, dass der Mail-Anhang
noch aus dem Internet komplett geladen werden muss.

Ist der Mail-Anhang dann final auf dem iPad angekommen, können Sie diesen im Regelfall sofort öffnen. Das Programm *Mail* verfügt über eine integrierte Vorschau. Diese ist in der Lage, zum Beispiel Office-Dokumente (Word, Excel, PowerPoint), PDFs und auch Bilddateien (JPEG, PMG, TIFF) etc. direkt anzuzeigen. Dazu tippen Sie auf das Icon und sehen sofort den Inhalt der Datei. Deutlich interessanter ist es, etwa eine Sekunde lang auf den Dateianhang zu tippen.

Ein E-Mail-Anhang kann ganz einfach an andere Apps weitergereicht werden.

Die Anzahl der Apps, die sich hier einklinkt, hängt davon ab, welche Apps Sie auf Ihrem iPad installiert haben. *Übersicht* ist, wie Sie vorhin gesehen haben, die in Mail integrierte Vorschau. Die anderen Programme sind in der Lage, mit dieser Word-Datei umzugehen, sie zu öffnen und weiter zu bearbeiten zu. Nur solche Apps werden im Dialog angezeigt.

Vielleicht kennen Sie die Funktion, Office-Dateien mit einem Kennwort zu sperren. Auch PDF-Dateien können einen Kennwortschutz erhalten. Das Programm **Mail** im iPad bietet Ihnen bei solch kennwortgeschützten Dateien die Option, das Kennwort einzutragen, um in der Übersicht die Datei einsehen zu können.

An/Kopie zeigen

Vor allem für Anwender unter Ihnen, die das iPad auch beruflich
nutzen, ist diese Funktion ein Segen. Denn Sie bekommen im
Laufe eines Tages eine ganze Fülle an E-Mails. Und nun wäre es
ein wichtiges Kriterium, herauszufinden, welche E-Mails an Sie
direkt adressiert waren und in welche Sie lediglich in Kopie aufgenommen wurden. Aktivieren Sie die entsprechende Funktion
bei *Einstellungen –> Mail, Kontakte, Kalender –> An/Kopie anzeigen*.
Wechseln Sie anschließend in das Programm *Mail*, so wird sich
im Posteingangsbereich die Darstellung geändert haben.

Sie sehen nun bei einigen E-Mails das Etikett „An".

E-Mails, die dieses Etikett tragen, sind direkt an Sie gesendet
worden. Fehlt dieses Etikett, dann handelt es sich um E-Mails, bei
deren Versand Sie auf Cc bzw. Bcc gesetzt wurden. Im Regelfall
sind Cc- bzw. Bcc-E-Mails nachrangiger in ihrer Wichtigkeit.

Sie sehen also, dass das iPad in Sachen Kommunikation erwachsen ist. Über die Bildtelefonie mit FaceTime oder die Nachrichtenfunktion können Sie direkt und kostenfrei andere Anwender erreichen. Natürlich versteht sich das iPad auch auf E-Mails. Aber damit nicht genug. Es gibt eine Fülle weiterer Apps im App Store, die Ihnen neue Möglichkeiten der Kommunikation anbieten. Lassen Sie mich an der Stelle das Programm Skype erwähnen, das Sie möglicherweise bereits vom Einsatz am Computer kennen. Über Skype kann das iPad mit anderen Anwendern, die sich an einem PC, an einem Mac oder einem anderen Tablet befinden, direkt kommunizieren.

Das Programm „Skype" finden Sie kostenlos im „App Store" und es ist mit wenigen Fingertipps eingerichtet.

Wichtige Funktionen der integrierten Apps in aller Kürze

Wichtige Funktionen der integrierten Apps in aller Kürze

Wir haben uns in den vorigen Kapiteln Funktionen der Programme *Safari, Mail, Nachrichten, Einstellungen* etc. schon näher angesehen. In diesem Kapitel sollen die weiteren bereits standardmäßig auf dem iPad integrierten Apps zur Sprache kommen.

 Sie können die Standard-Apps von optional nachgeladenen Apps aus dem App Store dadurch unterscheiden, dass die Standard-Apps im Wackelmodus kein **X** zum Entfernen bzw. Löschen der App erhalten.

Dieser Screen zeigt alle Standard-Apps an, die bei Auslieferung des iPads mitinstalliert wurden.

Diese Apps können nicht von Ihrem iPad gelöscht werden.

*Optionale Apps, die über den App Store auf das iPad gekommen sind,
können über den Wackelmodus wieder gelöscht werden.*

Durch einfaches Antippen des *X*-Symbols, links oben in der
Ecke, wird die App von Ihrem iPad entfernt. Da die Apps aber
mit Ihrer Apple-ID verbunden sind, befinden sie sich nach wie vor
in Ihrer eigenen Cloud und können über den *App Store* und den
Eintrag *Gekaufte Artikel* rasch erneut installiert werden.

Karten

Die Karten-App verwendet seit Herbst 2012 das neue Apple-eige-
ne Kartenmaterial. Vorher hat Apple ebenso wie viele andere
Hersteller Google-Maps-Karten im Einsatz. Das neue Kartenmaterial von Apple zeichnet sich dadurch aus, dass die Karten
vektorisiert sind. Sie werden deshalb erleben, dass die Karten-
App sehr schnell reagiert, wenn Sie Details auf den Karten sehen
wollen und aus- oder einzoomen möchten.

Die Karten-App zeigt die aktuelle Position an: Ein blauer Punkt
sendet Kreise aus und zeigt Ihnen Ihre Position.

Aber damit nicht genug: Klicken Sie auf das Ortungssymbol in der linken unteren Ecke , sehen Sie nicht nur die Position, sondern auch die Blickrichtung. Denn das iPad hat auch einen integrierten Kompass, der es Ihnen ermöglicht, eine sehr exakte Positionsbestimmung vorzunehmen. Genauso wie beim Google-Kartenmaterial können Sie nicht nur eine schematische Darstellung Ihrer Umgebung sehen, sondern auch über die rechte untere Ecke auf eine *Hybrid-* oder auf die *Satellitendarstellung* umschalten.

Die Kartendarstellung stellt mehrere Optionen zur Verfügung.

Besonders toll ist die dreidimensionale Darstellung, die derzeit in Großstädten wie Berlin oder auch München bereits verfügbar ist. Geben Sie dazu rechts oben in der Suchlupe einen Stadtnamen oder eine Straße ein. Sogleich wird die App mittels einer Stecknadel die Fundstelle anzeigen. Sollten Sie links unten dieses dreidimensionale Gebäude-Icon ![icon] sehen, dann tippen Sie darauf, um in die sogenannte Fly-over-Darstellung zu gelangen. Nun können Sie die Gebäude in dreidimensionaler Qualität auf Ihrem iPad bestaunen. Verwenden Sie zwei Finger und zoomen Sie in die Grafik hinein. Mit zwei Fingern, die Sie nach oben oder unten bewegen, können Sie den Blickwinkel auf diese dreidimensional dargestellten Gebäude ändern. Und es ist schon sehr faszinierend, in welcher Detailtreue und Genauigkeit die Darstellung stattfindet.

Das dreidimensional dargestellte Zentrum von Berlin mit der App Karten auf Ihrem iPad.

Wechseln Sie zurück in die Standarddarstellung und achten Sie darauf, dass die Funktion *3D* nach wie vor aktiviert ist. Auch diese Darstellung lässt sich durchaus sehen. Sie erkennen nun erneut dreidimensional, aber nicht fotorealistisch die Gebäude und sehen auch interessante Punkte wie Bahnhöfe, Einkaufsmöglichkeiten oder auch Restaurants.

Die dreidimensionale Standardeinstellung zeigt eine Menge weiterer Informationen.

Und zu all diesen eingetragenen Hotspots können Sie durch Tippen auf das *i* weitere Detailinformationen bekommen. Bei Restaurants möglicherweise die Telefonnummer und Kundenmeinungen zur Qualität der Speisen.

Detailinformationen zu einem Hotspot in der Kartendarstellung.

Gehen Sie über die rechte untere Ecke noch einmal zurück und lassen sich zusätzlich Verkehrsinformationen einblenden. Und schon erscheinen auf Ihren Karten Baustellen, möglicherweise Staus und andere Verkehrshinweise.

Die eingeblendeten Verkehrsinformationen weisen Sie auf Störungen im Verkehrsfluss hin.

Sie sehen also, dass die Karten-App weit mehr ist als die bloße Darstellung einer Landkarte. Eine Menge interaktive Funktionen helfen Ihnen rasch, weitere Details ausfindig zu machen.

Navigationsfunktion der Karten-App

Obwohl es auf den ersten Blick nicht den Anschein hat, kann die Karten-App Sie durch Navigation unterstützen.

Das iPad mini inklusive SIM-Karte verfügt über eine sehr exakte GPRS-Positionierung. Damit eigenet sich das iPad mini inklusive SIM-Karte hervorragend als Navigationssystem. Das iPad mini WLAN versteht sich auf die Positionsbestimmung nicht so exakt, deswegen dürften auch die Ergebnisse der Navigation deutlich ungenauer ausfallen.

Tippen Sie links oben auf den Begriff *Route*, sehen Sie, dass nun neben einem Startpunkt die Möglichkeit einer Zielangabe angeboten wird. Geben Sie dort Straßenname und Ort ein.

Die Navigationsfunktion verwendet standardmäßig Ihren aktuellen Standort und eine optionale Zieladresse.

Die Zieladresse kann auch aus Ihrem Adressbuch innerhalb der Kontakte-App stammen. Weiterhin sehen Sie, dass die Navigation sowohl für den Individualverkehr als auch für öffentliche Verkehrsmittel bzw. für den Fußweg abgefragt werden kann.

> **!** Während die Navigation für Ihren Pkw sehr korrekt ausgeführt wird, sind die Verwendung der öffentlichen Verkehrsmittel und auch die Eigenschaft der Routenführung für den Fußweg noch mit etwas Vorsicht zu genießen. Apples Kartenmaterial ist erst seit wenigen Monaten im Einsatz (Stand: November 2012) und hier fehlen noch wichtige Informationen, um diese Navigationslösungen fehlerfrei einsetzen zu können.

Sind Start- und Zielpunkt erfolgreich eingetragen, tippen Sie schlicht und ergreifend auf *Route* und sogleich wird Ihnen die Karten-App mögliche Routen zu Ihrem Zielpunkt zeigen.

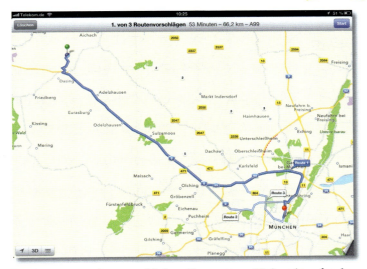

Die Karten-App hat verschiedene Routen zum Zielpunkt gefunden.

Tippen Sie auf einen Routenhinweis, um diese Route zu priorisieren. Anschließend tippen Sie rechts oben auf *Start* und schon beginnt die Navigation zu Ihrem Zielpunkt. Mit akustischen und auch visuellen Hinweisen werden Sie sicher an Ihr Ziel geführt.

Die Navigation hat begonnen.

Sie können jederzeit rechts oben auf *Übersicht* klicken, um noch einmal die gesamte Karte zu sehen, respektive links unten auf die detaillierte Routenübersicht.

Die detaillierte Routenübersicht zeigt Ihnen die einzelnen Elemente des zurückzulegenden Weges an.

Diese Navigationslösung verhält sich wie jede andere Navigationssoftware auch. Sollten Sie von Ihrer Route abgekommen sein, wird sofort eine Alternativroute berechnet und auf dem iPad dargestellt. Dies kann aber nur dann stattfinden, wenn Sie auch über eine Internetverbindung verfügen. Deshalb eignet sich im Regelfall das iPad mini mit WLAN nur bedingt für die Navigation, denn unterwegs haben Sie im Normalfall keine Internetverbindung. Dort spielt das Modell inklusive SIM-Karte seine Trümpfe aus. Sollten Sie damit im Ausland navigieren wollen, ist allerdings die SIM-Karte im Regelfall nicht funktionsfähig, weil Sie dort wohl aus Kostengründen das Datenroaming deaktiviert haben.

*Wer ein iPad mini inklusive SIM-Karte besitzt, kann das
Datenroaming aktivieren.*

> **!** Das Datenroaming führt zuweilen zu sehr hohen Kosten. Deshalb ist hier von im Regelfall abzuraten. Für die Navigation hat das den Nachteil, dass Sie zwar exakt zum Zielpunkt geführt werden, jedoch auf dem Display Ihres Geräts das Kartenmaterial nicht sehen können.

Während Sie sich auf der Fahrt befinden, können Sie mit Ihrem iPad übrigens jederzeit andere Programme bedienen. Die Navigation läuft im Hintergrund weiter und gibt Ihnen auch die Kommandos, wenn sich bei der Route irgendwelche Änderungen ergeben. Sie sehen an der Titelzeile Ihres iPads – ganz rechts oben – den Eintrag *Zurück zur Navigation? Hier tippen.*

*Während die Navigation läuft, können Sie andere Apps auf Ihrem
iPad starten und über die Titelzeile bequem zur Karten-App
zurückkehren.*

Und zu guter Letzt noch einmal die Erinnerung an Siri. Sie müssen nicht zwangsläufig die Karten-App starten und die Routeninfos eintippen. Erledigen Sie dies doch einfach über Siri. Stellen Sie einfach Anfragen, wie zum Beispiel „Zeige mir den kürzesten Weg nach München, Leopoldstraße". Und schon wird Siri diese Information an die Karten-App weitergeben und die möglichen Routen darstellen – ziemlich clever.

Photo Booth und Kamera

Sie wissen ja, dass Ihr iPad über eine Kamera auf der Vorder- und eine weitere auf der Rückseite verfügt. Die Kamera auf der Rückseite macht Fotos in der Qualität von fünf Megapixeln, während die Kamera auf der Frontseite lediglich 1,2 Megapixel auf die Waage bringt. Das heißt, die rückwärtige Kamera kann deutlich bessere Fotos schießen als die auf der Vorderseite. Verwenden Sie beispielsweise das Programm *Photo Booth*, um sehr einfach Spaßbilder mit der Frontkamera zu erzeugen.

Mithilfe von Photo Booth lassen sich in kurzer Zeit sehr interessante Spaßfotos schießen.

Sie können im Rahmen der App Photo Booth auch auf die rückseitige Kamera umschalten, indem Sie den Button auf der rechten unteren Seite verwenden . Tippen Sie auf den Auslöser in der Mitte des Bildschirms, um das Foto aufzunehmen.

> **!** Die mit Photo Booth geschossenen Bilder werden an die App **Fotos** übergeben. Diese App werden wir uns gleich ein wenig genauer ansehen.

Möchten Sie keine Spaß-, sondern in der Tat normale Fotos machen, so verwenden Sie die Kamera-App. Möglicherweise fragt die Kamera-App beim ersten Start an, ob Sie Ihren aktuellen Ort verwenden darf.

Die Kamera-App fragt an, ob die Ortungsinformationen in die Bilder mit aufgenommen werden sollen.

Sofern Sie dies akzeptieren, werden in Zukunft alle Fotos und Videos mit GPS-Daten (Positionsdaten) versehen und Sie können innerhalb der Fotos-App später auch erkennen, an welchen Orten Ihre Bilder aufgenommen wurden. Haben Sie beim ersten Start diese Funktion deaktiviert, möchten in Zukunft aber dennoch nicht darauf verzichten, so gelangen Sie über *Einstellungen –> Datenschutz –> Ortungsdienste* in die Grundeinstellungen und bringen den Schieberegler bei *Kamera* auf die Position *I*.

Die Kamera-App darf die Ortungsdienste Ihres iPads nutzen, deshalb hat der Schieberegler die Position I.

Aber zurück zur Kamera-App. Ebenso wie in der App Photo Booth haben Sie auch hier in der rechten unteren Ecke die Wahlmöglichkeit zwischen vorderer und rückwärtiger Kamera. Über die Optionen im linken unteren Bereich können Sie zusätzlich noch ein Raster einblenden.

Verwenden Sie ein Raster, um die Motive daran ausrichten zu können.

Und sicher haben Sie auf der rechten unteren Seite bereits den Wechselschalter zur Videofunktion gesehen. Daraufhin wechselt der Aufnahme-Button zu einem Record-Button.

Der Record-Button (links) zeigt an, dass jetzt eine Videoaufnahme gestartet werden kann, wohingegen der Aufnahme-Button (rechts) darauf hinweist, dass ein Fotoschnappschuss erstellt wird.

Jetzt kommen wir noch einmal zurück zur Aufnahme von Videoinformationen. Auch für diese können Sie beide Kameras in Ihrem iPad verwenden. Achten Sie darauf, dass die rückwärtige Kamera Videoaufnahmen bis 1080p, also HD-Video-Aufnahmen ermöglicht, wohingegen die Frontkamera lediglich 720p-Videos erlaubt. Beide Kameras haben eine Gesichtserkennung inkludiert, sobald Sie Personen filmen. Weiterhin sorgt sich das iPad darum, dass die Video- und Fotoaufnahmen stabilisiert werden.

 Auch die Videoaufnahmen landen anschließend in der Fotos-App. Sie können Bilder später von Videos dadurch unterscheiden, dass Videos in der unteren Ecke ein kleines Videosymbol aufweisen. Innerhalb der Fotos-App können Videos abgespielt werden.

Übrigens können Sie das aufgenomme Video direkt in der Fotos App noch trimmen. Tippen Sie dazu links unten auf die Vorschau des letzten Videos und verwenden dann ganz oben die beiden Regler für die Trimmfunktion.

Über die Trimmen-Funktion können Videos noch optimiert werden.

Kommen wir noch einmal kurz zur Kamerafunktion zurück. Vielleicht haben Sie es schon ausprobiert: Sie können mit zwei Fingern digital zoomen. Wenn Sie mit einem Finger an einer bestimmten Stelle auf das Motiv klicken, erscheint ein Rahmen und die Kamera versucht, diese Stelle scharfzustellen.

7

*Die Kamera-App erlaubt auch das Zoomen (oben) bzw. das
Scharfstellen (unten) auf ein Objekt.*

Sobald das Bild sich in der Fotos App befindet, können zudem
noch rudimentäre Bildbearbeitungsfunktionen zum Einsatz
kommen. Wählen Sie dazu das Bild aus, um via *Bearbeiten* rechts
oben die Bearbeitungsfunktionen unterhalb des Fotos eingeblendet zu bekommen.

Die App Fotos beherrscht einige wichtige Bildbearbeitungsfunktionen.

Um einen Schnappschuss mit der Kamera-App zu erstellen,
können Sie neben dem Auslöser auf dem iPad-Bildschirm
die Lautstärke-Tasten an Ihrem Gerät verwenden. Diese sind
meist besser im Zugriff.

Fotos

Wie bereits erwähnt, kümmert sich die Fotos-App um die Auf-
nahmen, die mit dem Programm Photo Booth oder der App
Kamera geschossen werden. Neben den Bildern ist sie auch für
die Videos zuständig. Sobald Sie die Fotos-App starten, sehen
Sie am oberen Rand im Optimalfall vier verschiedene Einträge.

Die Fotos-App verfügt über unterschiedliche Kategorien.

Im Bereich *Fotos* werden alle Bilder und Videos, die Sie über
die Apps *Kamera* oder *Photo Booth* erstellt haben, aufgelistet, und
zwar einfach nach Datum sortiert.

Sie können natürlich auch vom Computer aus Daten auf das
iPad übertragen. Dieser Weg führt über das Programm iTunes.
Wenn Sie das iPad über das USB-Kabel an Ihren Rechner an-
stecken, können Sie, sofern Sie einen Mac besitzen, Bilder aus
iPhoto auf das iPad übertragen. Haben Sie einen Windows-
Rechner, können Sie einen Ordner auswählen, in dem sich
Bilder befinden, die auf das iPad überspielt werden sollen.

Da der Bereich Fotos alle Bilder in unstrukturierter Weise darstellt, gibt es über den Bereich *Alben* eine sehr schöne Möglichkeit,
die Bilder quasi in verschiedene Ordner einzubringen.

Alben bieten die Option, Ihre Fotoaufnahmen zu strukturieren.

Tippen Sie links oben auf das +-Icon, um ein neues Album zu erstellen.

Ein neues Album innerhalb der Fotos-App wird erstellt.

Sobald Sie auf *Sichern* tippen, existiert ein neues Fotoalbum und die App springt zurück in die Fotos-Übersicht, wo Sie nun die Bilder auswählen können, die Sie in dieses Album übertragen wollen.

Tippen Sie einfach die Bilder, die Sie in das neue Album aufnehmen möchten, an. Diese erhalten daraufhin ein Häkchensymbol und via *Fertig* werden sie in das Album übertragen.

*Aus dem Bereich Fotos werden einzelne Bilder in das Album
„Wichtige Bilder" übertragen.*

Wichtig dabei ist, dass die Bilder, obwohl Sie sich in einem
Album befinden, nach wie vor auch in der Fotos-Übersicht zu
finden sind. Wollen Sie zu einem späteren Zeitpunkt Ihre Alben
überarbeiten, tippen Sie rechts oben auf *Bearbeiten*, wählen das
Album aus und können dort Bilder entfernen, weitere Bilder hinzufügen oder durch das *X*-Icon das komplette Album entfernen.

Ein Fotoalbum wird bearbeitet.

Das Album „Orte" zeigt die Aufnahmepositionen der Bilder.

Sie erinnern sich an die aktivierte Ortungsfunktion. Sofern Sie diese Funktion eingeschaltet haben, werden den Fotos GPS-Daten zugeordnet und über den Reiter *Orte* sehen Sie anhand von Stecknadeln, wo Ihre Fotos aufgenommen wurden. Tippen Sie auf eine dieser Stecknadeln, um die dahinterliegenden, sprich dort geschossenen Fotos einzusehen. Der Bereich *Orte* zeigt Ihnen also von allen Bildern, die sich auf Ihrem iPad befinden, die Positionsdaten an.

Sofern Sie einen Mac mit iPhoto verwenden, gibt es neben der Ablage der Bilder in Alben und der Positionsbestimmung via **Orte** auch noch die Möglichkeit, Bilder per Gesichtserkennung respektive per **Ereignis** zu sortieren.

Wie Sie anhand des Bildschirmfotos erkennen, können Mac-Anwender mit iPhoto neben Ereignissen auch Gesichter synchronisieren.

Ist dies getan, ändert sich das Erscheinungsbild der Fotos-App auf dem iPad. Die Reiter „Ereignisse" und „Gesichter" sind auf dem iPad neu hinzugekommen.

Diese Funktion steht ausschließlich Anwendern, die einen Mac verwenden, zur Verfügung. Windows-Anwender können keine Ereignisse und Gesichtsinformationen auf das iPad übertragen.

Übrigens können Sie in der Fotos-App sehr gut mit Gesten arbeiten. Öffnen Sie ein Album und tippen auf ein Bild. Durch Zusammenziehen mit zwei Fingern kommen Sie vom Foto zum Album zurück und wiederholen Sie die Geste, so gelangen Sie zur Albenübersicht.

Fotos importieren

Neben der Übertragung via iTunes können Fotos auch direkt von Digitalkameras importiert werden. Verwenden Sie dazu die verfügbaren Adapter (Lightning auf USB Kamera Adapter bzw. Lightning auf SD-Kartenleser)

Zwei Adapter stehen zur Verfügung, um direkt von einer Digitalkamera die Fotos importieren zu können. (Bilder: Apple)

Und es gibt noch eine dritte Möglichkeit. Erzeugen Sie auf einem USB-Stick einen Ordner namens DCIM und kopieren Sie die zu importierenden Bilder in diesen Ordner. Stecken Sie den Stick unter Verwendung des Lightning auf USB Kamera Adapters an das iPad und schon werden die Bilder geladen.

Fotos löschen

Bilder, die mit der App *Kamera* auf dem iPad aufgenommen wurden, können über die Fotos App wieder vom iPad gelöscht werden. Dazu verwendet man den Papierkorb in der rechten oberen Ecke.

Fotos, die über iTunes auf das iPad gekommen sind, können nicht auf dem iPad gelöscht werden. Um diese vom iPad zu entfernen, müssen die entsprechenden Synchronisationsoptionen in iTunes geändert werden.

Fotostreams

Unabhängig davon, ob sie noch einen weiteren Computer besitzen, können alle Anwender die Eigenschaft *Fotostream* verwenden. Fotostream ist eine Funktionalität, die Sie kostenlos erhalten, sofern Sie iCloud verwenden. Aktivieren Sie die Fotostream-Funktionalität über *Einstellungen –> Fotos & Kamera*.

Aktivieren Sie sowohl die Eigenschaften „Mein Fotostream" als auch „Fotostreams".

Ist die Eigenschaft *Mein Fotostream* aktiviert, bedeutet das schlicht und ergreifend nichts anderes, als dass jedes Foto, das Sie auf dem iPad erstellen, sogleich über das Internet in Ihre iCloud übertragen wird und dort zur Verfügung steht. Der Vorteil dabei: Sie erhalten automatisch eine Sicherungskopie Ihrer Daten und Sie können an einem anderen Gerät, zum Beispiel auf einem iPhone oder an einem Computer, sofort auf die Daten zurückgreifen, sofern auch hier der iCloud-Account angegeben und Fotostream aktiviert ist.

Mac-Anwender verwenden das Programm iPhoto und aktivieren dort in den **Einstellungen** –> **Fotostream**.

Das Aktivieren von Fotostream in iPhoto auf dem Mac bringt alle Bildaufnahmen des iPads unmittelbar auf den Computer.

Über Fotostream können Sie also kabellos Bildmaterial vom iPad über die Internetwolke auf Ihre Computer übertragen.

> Die automatische Übertragung vom iPad in die Internetwolke kann nur dann stattfinden, wenn Ihr iPad per WLAN mit dem Internet verbunden ist. Was aber bedeutet die zusätzliche Einstellung **Mein Fotostream**? Nun, mit **Mein Fotostream** erstellen Sie quasi ein eigenes Album, auf das nur Sie mit Ihrer Apple-ID Zugriff haben. **Fotostreams** ermöglicht Ihnen, Alben anderen Personen freizugeben. Diese können dann Ihre Bilder abonnieren, Kommentare hinzufügen etc.

Wie erstellt man einen Fotostream für andere Personen? Wechseln Sie dazu in die Fotos-App, tippen Sie auf *Fotostream* und wählen in der linken oberen Ecke das +-Symbol aus.

Ein neuer „Fotostream" wird erstellt.

Definieren Sie bei *An* Personen, die diese Bilder mitverfolgen dürfen. Tragen Sie hier entweder E-Mail-Adressen ein oder verwenden Sie Adressmaterial, das Sie bereits in der Kontakte-App hinterlegt haben. Via *Erstellen* wird dann der Fotostream angelegt. Aktuell ist dieser noch leer. Tippen Sie auf den noch leeren Fotostream und verwenden Sie die Funktion *Fotos hinzufügen*.

Ein leerer Fotostream muss genauso wie ein leeres Album erst mit Fotos gefüllt werden.

Was aber ist eine sogenannte *öffentliche Website*? Nun, das Abonnement der Fotostreams ist nur für Personen möglich, die auch über iOS oder einen Mac-Computer verfügen. Das heißt, ausschließlich für Personen, die eine Apple-ID haben. Sie erinnern sich an die Verwendung von FaceTime und Nachrichten. Auch das sind Dienste, die nur für Apple-ID-Anwender nutzbar sind. Möchten Sie Personen, die kein Apple-Gerät und keine Apple-ID besitzen, Ihre Bilder zur Verfügung stellen, so wählen Sie *Öffentliche Website* und geben deren E-Mail-Adressen an. Wenn Sie also eine öffentliche Webseite erstellen, erhalten die Empfänger eine

E-Mail mit der Internetadresse, wo Sie die Bilder begutachten und herunterladen können.

Eine öffentliche Webseite erzeugt eine Internetseite mit den von Ihnen zur Verfügung gestellten Bildern.

Aber kommen wir noch einmal zurück zur Verwendung von Fotostreams in Zusammenarbeit mit Usern, die ebenfalls über eine Apple-ID verfügen. Diese können nun zum Beispiel Kommentare zu Ihren Bildern verfassen. Ist das geschehen, gibt Ihnen eine Ziffer oben bei Fotostreams an, wie viele Kommentare zu Ihren Bildern hinterlassen wurden.

Kommentare von anderen Anwendern sind für Sie als Herausgeber des Fotostreams sichtbar.

Zudem sehen Sie bei einem freigegebenen Fotostream anhand eines kleinen blauen Punktes, dass hier Kommentare eingetragen wurden. Sofern eingestellt, können Sie die Mitteilungszentrale verwenden, um über neue Kommentare informiert zu werden. Sollten Sie also die Funktion *Fotostream* verwenden, ist es unbedingt ratsam, über *Einstellungen –> Mitteilungen* bei *Fotos* diese in die Mitteilungszentrale aufzunehmen.

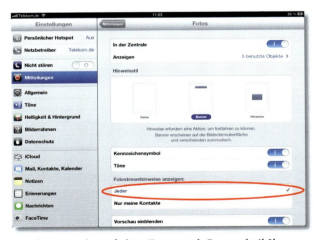

Achten Sie darauf, dass Fotos auch Bestandteil Ihrer Mitteilungszentrale sind. Wichtig ist das Häkchen bei „Fotostream-Hinweise anzeigen: Jeder".

Nun erhalten Sie als Herausgeber des Fotostreams permanent über die Mitteilungszentrale Informationen, sobald ein Anwender weitere Kommentare zu Ihren Bildern eingetragen hat.

 Wenn Sie eine **öffentliche Website** statt eines Fotostreams erzeugt haben, erhalten Sie keine Rückmeldung, sofern die Anwender auf der Internetseite die Fotos angesehen oder aus dem Internet heruntergeladen haben.

Diashow

Es gibt eine weitere Möglichkeit, wie Sie Ihre Urlaubsfotos präsentieren können. Fotostream ist die eine Option, *Diashow* die zweite, vielleicht herkömmliche Möglichkeit. Stellen Sie in den *Einstellungen –> Fotos & Kamera* ein, wie die Diashow ablaufen soll.

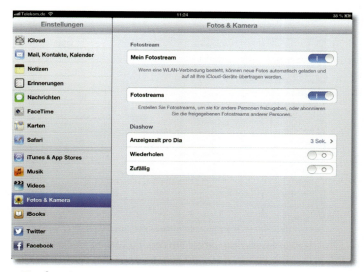

Konfigurieren Sie „Diashow" mit den Parametern Ihrer Wahl.

Um eine Diashow zu starten, gehen Sie in die Fotos-Applikation, wählen dort ein Album, einen Fotostream oder ein Ereignis aus und tippen rechts oben auf den Button *Diashow*.

Konfigurieren Sie die Diashow unter Zuhilfenahme von Übergängen und einer optionalen Musikwiedergabe.

Bei der Musikwiedergabe greifen Sie übrigens auf die Musiktitel zurück, die sich innerhalb Ihrer App *Musik* befinden. Die App *Musik* laden Sie, indem Sie über die App *iTunes* Musik kaufen, die dann automatisch in die App Musik geladen wird. Genauso wie die App *Kamera* die Applikation *Fotos* füttert, füllt die App iTunes die Applikation *Musik* und *Video*.

Aber wieder zurück zur Diashow. Die Diashow wird natürlich auf Ihrem Computer dargestellt. Deutlich mehr Spaß macht es, wenn Sie diese auf Ihrem Fernseher wiedergeben. Dazu verwenden Sie entweder das optional erhältliche Kabel von Lightning auf HDMI (Lightning Digital AV Adapter), um Ihren Fernseher anzuschließen. Oder noch besser: Sie verwenden die Technologie, die wir bereits im Rahmen des ersten Kapitels besprochen haben, nämlich AirPlay-Mirroring. Sie erinnern sich, Sie verwenden hierfür den Doppeltipp auf den Home-Button, scrollen nach links und wählen dort bei AirPlay Ihr Apple-TV-Gerät aus.

Via „AirPlay-Mirroring" können Sie Diashows auf einen Fernseher übertragen.

Notwendig hierfür sind ein Gerät namens Apple-TV und dass sich das iPad und Apple-TV im gleichen WLAN befinden. Dann wird unter dem *AirPlay*-Button in der Multitasking-Leiste das Apple-TV-Gerät automatisch erkannt und Sie können mit zwei Fingertipps Ihre Diashow auf dem HDTV fortsetzen.

Das Gerät Apple TV ist ein optionaler Zusatz für Ihren HDTV und bringt die Inhalte Ihres iPads oder iPhones drahtlos auf den Fernseher. (Bild: Apple)

Fotos teilen

Wie auch in anderen Apps können Sie über das Teilen-Icon Fotos an andere Apps weitergeben. Soll nur ein Foto z. B. per E-Mail gesendet werden, so ist dieses per Antippen zu öffnen und über das Teilen-Icon zu versenden.

Via Teilen gibt es vielfältige Möglichkeiten der Bildweitergabe.

Sollen sogleich mehrere Bilder versendet werden, so wählen Sie in der Übersicht der Fotos zunächst *Bearbeiten* (rechts oben) und dann *Senden* (links oben).

Wenn Sie hierbei genau agieren, erkennen Sie, dass ab der Markierung des sechsten Bildes der E-Mail-Versand nicht mehr möglich ist. Bei der Auswahl mit bis zu fünf Fotos funktioniert es hingegen problemfrei. Aber: Sie können trotzdem via **Kopieren** die Fotos in die Zwischenablage bringen und im Mail-Programm diese wieder einsetzen. So klappt auch der Versand von mehr als fünf Fotos gleichzeitig.

Notizen

Die Notizen-App haben wir bereits an anderer Stelle kennengelernt, um die Tastatur auszuprobieren. Sehen wir uns nun die Notizen-App genauer an.

Die Notizen-App bietet einige sehr interessante Funktionen.

Sicher haben Sie bereits das +-Icon ❶ gesehen, mit dem Sie neue Notizen erstellen können. Gegenüber auf der linken Seite finden Sie eine *Suchen*-Funktion ❷, so dass Sie innerhalb der Notizen App nach Wörtern suchen können. Darunter sehen Sie eine Liste all Ihrer Notizen ❸. Im unteren Teil der Notizen-App finden Sie die Pfeile, mit denen Sie durch Ihre Notizen navigieren können ❹. Der Papierkorb ❺ ist logischerweise für das Löschen der Notizen zuständig und das *Teilen*- oder *Bereitstellen*-Icon ❻ dient auch hier dazu, die Notizen an andere Applikationen und Dienste weiterzugeben.

Über die „Teilen"-Funktion können Notizen weitergereicht werden.

Aber das ist nur die halbe Wahrheit. Wenn Sie nämlich in den *Einstellungen* bei *iCloud* Ihre Apple-ID hinterlegt haben, können Sie die Notizen auch drahtlos in Ihre iCloud übertragen. Sie erkennen das daran, dass links oben in der Ecke der Begriff *Accounts* erscheint.

Der Bereich „Accounts" (links) wird erst dann eingeblendet, wenn Sie die Synchronisierung über die iCloud in den Einstellungen (rechts) aktiviert haben.

Notizen, die sich nun in der Kategorie *Auf meinem iPad* befinden, sind lediglich auf Ihrem iPad hinterlegt. Alle Notizen, die Sie in der Kategorie *iCloud* erstellen, werden jedoch drahtlos mit Ihrer Internetwolke abgeglichen. Solche Notizen können dann natürlich bequem an einem Computer empfangen werden. Besitzen Sie einen Mac-Rechner, verwenden Sie Mountain Lion und das Programm *Notizen*. Haben Sie einen Windows-Computer, können Sie nur Notizen innerhalb des Programms Outlook weiterverwenden. Und natürlich funktioniert die Synchronisation auch umgekehrt. Neu am Computer erstellte Notizen werden so drahtlos auf Ihr iPad übertragen.

Möchten Sie, dass jede neue Notiz standardmässig über die iCloud synchronisiert wird, so aktivieren Sie **iCloud** als Standardaccount in **Einstellungen –> Notizen**.

Kalender

Auch hier ist zu empfehlen, bevor Sie mit dem Kalender arbeiten, in den **Einstellungen –> iCloud** die Synchronisation des Kalenders zu aktivieren.

Damit ist gewährleistet, dass alle auf dem iPad eingetragenen Kalenderinformationen sogleich in die Internetwolke übertragen werden und auch auf anderen Geräten (Computer, iPhone, andere iPads) zur Verfügung stehen.

Sobald Sie das Programm Kalender gestartet haben, tippen Sie links oben auf den Begriff „Kalender". Ist die iCloud-Synchronisierung aktiv, erscheinen dort sofort alle Kalender, die sich im Zugriff Ihrer iCloud befinden.

Anhand des Bildschirmfotos erkennen Sie auch, dass es einen Kalender für Facebook gibt. Sie erinnern sich an die Einstellungen von Facebook in Kapitel 6. Haben Sie in den *Einstellungen* in *Facebook* Ihre Daten hinterlegt, können die Applikationen *Kontakte* und *Kalender* mit den Facebook-Informationen gefüttert werden. Dies ist hier der Fall. Möchten Sie weitere Kalendarien definieren, tippen Sie auf *Bearbeiten* und anschließend auf *Hinzufügen*.

Geben Sie dem Kalender einen Namen und eine Farbe.

Via *Fertig* wird der Kalender angelegt. Die weiteren Funktionen des Kalenderprogramms sind sehr schnell erklärt. Sie sehen oben die verschiedenen Darstellungen in Form von *Tag, Woche, Monat, Jahr* und *Liste* und im unteren Bereich einen Slider, mit dem Sie rasch durch Ihre Kalendarien navigieren können. Der Button *Heute* ganz links unten bringt Sie stets zurück zum aktuellen Datum. Schlussendlich können Sie über die *Suchen*-Funktion rechts oben nach Kalendereinträgen suchen.

Neuer Kalendereintrag

Tippen Sie auf das +-Icon rechts unten in der App, um einen neuen Kalendereintrag vorzunehmen.

Ein neuer Kalendereintrag wird erstellt.

Neben dem *Titel* und dem *Ort* definieren Sie selbstverständlich *Datum* und *Uhrzeit* des Ereignisses. Aber auch die anderen Parameter sind durchaus interessant:

- *Wiederholen*: Bei Wiederholen können Sie definieren, ob der Termin mehrmals wiederkehrt. Sie haben die Möglichkeit tägliche, wöchentliche oder auch monatliche oder jährliche Rhythmen festzulegen.
- *Teilnehmer:* Das ist eine sehr interessante Option, denn Sie können weitere Teilnehmer zu diesem Termin einladen. Vor allem im beruflichen Bereich ist das eine sehr wichtige Eigenschaft.

- *Erinnerung* bzw. *2. Erinnerung*: Um wichtige Termine keinesfalls zu versäumen, sollten Sie sich eine Erinnerung eintragen. Diese Erinnerung wird zum vorgegebenen Zeitpunkt auf Ihrem Rechner erscheinen. Definieren Sie auch hier über *Einstellungen –> Mitteilungen –> Kalender*, wie diese Benachrichtigung auf Ihrem Gerät erfolgen soll. Zu empfehlen ist hierbei, die Eigenschaft *Hinweis* und die Zusatzfunktion *Im Sperrbildschirm* zu aktivieren.

- *Kalender:* Wie Sie vorhin gesehen haben, besteht ja die Option, mehrere Kalendarien anzulegen. Wählen Sie hier aus, in welchem Kalender der Termin dargestellt werden soll.

- *Verfügbarkeit*: Bei Verfügbarkeit können Sie für diesen Termin hinterlegen, ob Sie *beschäftigt* sind bzw. *frei* zur Verfügung stehen. Diese Information ist vor allem für andere Anwender interessant, die Ihre Kalenderinformationen einsehen können. Aber dazu gleich mehr.

Sie sehen also, dass jede Kalenderinformation mit sehr vielen Zusatzinformationen angereichert werden kann.

Wenn Sie bereits einen Termin definiert haben und möchten diesen relativ einfach auf einen anderen Tag oder einen anderen Zeitpunkt innerhalb des Tages verschieben, so tippen Sie dieses Ereignis an und bewegen es an die gewünschte Position.

Ein Ereignis kann per Drag & Drop auf eine andere Uhrzeit oder einen anderen Tag verlegt werden.

Kalender freigeben

Das Kalenderprogramm hat, sofern Sie dieses über die iCloud mit dem Internet synchronisieren lassen, eine weitere sehr nützliche Funktion: Sie können nämlich Kalender für andere Personen freigeben.

Ein Kalender kann über das Internet anderen Personen zugänglich gemacht werden.

Dazu gibt es grundsätzlich zwei verschiedene Möglichkeiten: Entweder wird der Kalender als Internetseite dargestellt (*Öffentlicher Kalender*) oder er wird bei anderen Anwendern, die ebenfalls über eine Apple-ID, eine iCloud und das entsprechende Gerät verfügen, in deren Kalenderliste eingeblendet (*Freigeben für*).

Um die Freigabe grundsätzlich zu ermöglichen, tippen Sie erneut auf *Kalender* und danach auf das weiße Dreieck ❯ hinter dem Kalender, um zu der Einstellung zu gelangen, die Sie oben auf dem Bildschirmfoto sehen. Ein *öffentlicher Kalender* ist ein Kalenderabo für andere Anwender. Diese verwenden dazu z. B. einen Mac und das Programm *Kalender*, oder ein iPad oder iPhone und erhalten diesen dann als schreibgeschützten abonnierten Kalender. Deshalb ist unterhalb des Eintrags Kalender auch die Eigenschaft *Link freigeben ...* zu sehen, wo Sie ganz einfach per E-Mail oder per Nachricht die Internetadresse anderen Personen zusenden können. Bei *Freigegeben für* können Sie Personen hinzufügen, die den Kalender anzeigen und bearbeiten dürfen. Bearbeiten bedeutet natürlich, dass andere Personen in Ihren Kalender Termine eintragen können. Auch das Löschen von Terminen ist möglich.

Sie sehen also, mit der *Freigabe*-Funktion haben Sie eine sehr elegante Möglichkeit, Kalenderinformationen mit anderen Personengruppen im privaten oder im beruflichen Bereich zu teilen.

Erinnerungen

Während sich das Programm Kalender um Termine kümmert, ist die Applikation *Erinnerungen* für Ihre To-dos und Aufgaben zuständig. To-dos und Aufgaben haben ja die Eigenschaft, dass diese, solange sie nicht erledigt sind, in Listen bestehen bleiben und so von Tag zu Tag weitergereicht werden. Mit dem Programm *Erinnerungen* können Sie eine ganze Reihe von verschiedenen Listen führen.

Bevor Sie das Programm verwenden, sollten Sie in den **Einstellungen** –> **iCloud** überprüfen, ob das Programm Erinnerungen dessen Daten mit Ihrer iCloud synchronisiert.

Starten Sie sodann die App *Erinnerungen* und Sie sehen auf der linken Seite den Eintrag *iCloud* und die dort bereits existierenden Erinnerungslisten.

In der iCloud befinden sich aktuell fünf Listen.

Um eine neue Liste zu erstellen, tippen Sie auf *Neue Liste erstellen ...* und geben den Namen der Liste an. Die neue Liste ist zunächst leer und enthält keine Einträge. Tippen Sie auf das ⊕-Symbol rechts oben in der Ecke, um sie mit Inhalten zu füllen.

Jeder Eintrag in der Liste kann eine Reihe weiterer Zusatzoptionen erhalten.

Sie können jeden Eintrag in der Liste mit einigen sehr interessanten Parametern versehen.

- *Tagesabhängige Erinnerung:* Manche Aufgaben müssen bis zu einem bestimmten Stichtag erledigt werden. Aktivieren Sie dazu diese Funktion und Ihr iPad wird Sie über die Mitteilungszentrale daran erinnern..
- *Wiederholen:* Wie bereits beim Kalender gibt es möglicherweise auch Aufgaben, die in einem bestimmten Zyklus immer wiederkehren.
- *Beenden:* Bei Beenden geben Sie an, wie oft eine Wiederholung stattfinden soll.
- *Priorität:* Es stehen drei Prioritätsstufen zur Verfügung – *gering, mittel* und *hoch.* Sie können nach diesen Prioritätsstufen auch sortieren.
- *Liste:* Wie bereits gesehen, können Sie verschiedene Listen anlegen. Über *Liste* definieren Sie, in welcher Liste dieser Eintrag erstellt wird. Die Standardliste geben Sie via *Einstellungen –> Erinnerungen* vor.

- *Notizen:* Bei *Notizen* können Sie einen beliebigen Zusatztext zu Ihrem To-do hinterlegen. Mit *Fertig* quittieren Sie die Eigenschaften und Ihr neues To-do wird in die Liste aufgenommen.

Sie können jederzeit nachträglich auf einen Eintrag in der Liste klicken, um dessen Parameter einzusehen und gegebenenfalls zu ändern.

Um einen Eintrag aus der Liste zu löschen, ziehen Sie ganz einfach mit dem Finger in der Zeile von links nach rechts und sogleich erscheint die *Löschen*-Funktion ❶.

Auch das Löschen von Einträgen ist rasch erledigt.

Weiterhin sehen Sie noch in Ihrem Erinnerungsprogramm links unten einen Minikalender ❷, mit dem Sie rasch zu einem bestimmten Datum springen können. In der linken oberen Ecke finden Sie die Suchfunktion bzw. die Einträge *Erledigt* und *Heute*.

Klare Sache, alle Einträge bei *Erledigt* enthalten alle Aufgaben, die Sie bereits abgehakt und damit in den Erledigt-Zustand überführt haben. *Heute* fasst alle To-dos zusammen, die sich in den verschiedenen Listen befinden und die als tagesabhängiges Datum bis zum heutigen Tag zu erledigen waren. Zu guter Letzt können Sie ganz links oben über *Bearbeiten* ❸ Listen inklusive ihrer Inhalte komplett entfernen.

Kontakte

Die Kontakte-App ist ja bereits mehrmals zur Sprache gekommen. Sie beherbergt Kontaktdaten von Personen und Firmen.

 Achten Sie auch hier wieder darauf, dass Sie in iCloud die Synchronisation aktiviert haben. Sie erkennen dies daran, dass in der Kontakte-App links oben der Begriff **Gruppen** erscheint.

Die Kontakte-App listet die Personen und Firmen alphabetisch auf und zeigt auf der rechten Seite immer die Detailinformationen.

Um eine neue Person hinzuzufügen, klicken Sie auf das -Icon und spezifizieren die Daten. Wollen Sie eine Kontaktinformation zu einem späteren Zeitpunkt überarbeiten, tippen Sie auf den Begriff *Bearbeiten*.

Die Sortierreihenfolge der *Kontakte* legen Sie übrigens in den Einstellungen unter *Mail, Kontakte, Kalender* fest.

> **!** An der Stelle noch einmal der Hinweis: Haben Sie in den Ein-stellungen Ihre Facebook-Daten hinterlegt und den Zugriff auf die Kontakte-App ermöglicht, erscheint hier die **Gruppe Facebook**, in der sich all Ihre Facebook-Kontakte auflisten.

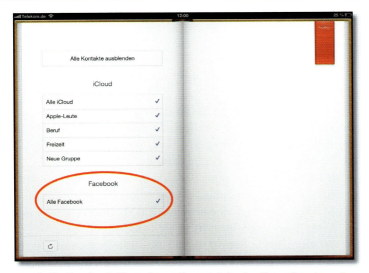

Auch die Facebook-Kontakte reihen sich in der Kontakte-App ein.

Voraussetzung hierfür ist in den Einstellungen bei Facebook die aktivierte Funktion für *Kontakte*.

In den Einstellungen ist der Zugriff auf die Kontakte-App aktiviert.

Die App Kontakte verwaltet Ihre Kontaktinformationen, also Ihre Visitenkarten. Aber damit nicht genug. Wenn Sie die Kontaktinformationen zu einer Person korrekt ausfüllen, erhalten Sie eine Reihe nützlicher Zusatzfunktionen:

- *E-Mail-Adressen:* Tippen Sie auf eine E-Mail-Adresse innerhalb einer Visitenkarte, so wird sofort das Programm Mail gestartet und Sie erhalten die Möglichkeit, eine neue E-Mail an die Zielperson zu versenden.
- *Telefonnummer:* Beim Tipp auf eine Telefonnummer startet sofort die Applikation *FaceTime*, um eine Videotelefonkonferenz herzustellen. Dies wird aber in den seltensten Fällen gelingen, außer es handelt sich um Telefonnummern eines iPhones.
- *Homepage:* Wenn Sie die Homepage für eine Person oder ein Unternehmen hinterlegen, bringt Sie das Antippen

dieser Eigenschaft zu *Safari* und auf die dazugehörige Internetseite.

- *Adresse:* Wenn Sie eine private oder eine Arbeitsadresse hinterlassen und diese korrekt ausfüllen, leitet Sie ein Tipp darauf an die Karten-Applikation weiter und die Adresse wird auf der Landkarte angezeigt.

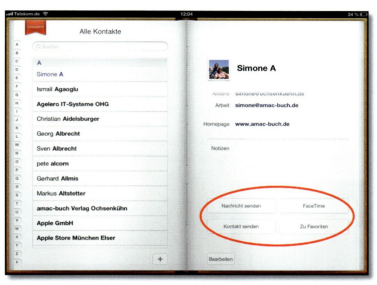

Einige dieser Funktionen finden Sie auch, wenn Sie auf der rechten Seite bei der Visitenkarte ganz nach unten scrollen.

 Nicht nur die Kontakte-App kann per Fingertipp Informationen an andere Apps weiterreichen. Auch Mail, Safari etc. verfügen über diese Eigenschaft.

Informationen innerhalb einer E-Mail können durch Antippen ebenfalls an andere Apps weitergereicht werden.

Zugehörige Personen

Um die Zusammenarbeit mit Siri zu erleichtern, könnten Sie Ihrer Visitenkarte Zusatzinformationen geben.

Via „Feld hinzufügen" und „Zugehörige Personen" kann Siri noch effektiver für Sie arbeiten.

Wenn Sie nach erfolgreicher Eintragung der Namen bzw. Visitenkarten nun Siri-Befehle wie „Bitte trage morgen um 19 Uhr einen Termin mit meiner Mutter ein" verwenden, weiss Ihr iPad stets, um welche Person es sich handelt.

iCloud.com

Sie haben jetzt gesehen, dass viele der standardmäßig mitgelieferten Applikationen mit Ihrer iCloud synchronisiert werden können. Notwendig dazu ist eine Internet-Verbindung per WLAN oder 3G/LTE.

Über die „iCloud" können eine ganze Reihe von Informationen drahtlos synchronisiert werden.

Die Übergabe der lokal auf dem iPad befindlichen Daten an Ihre *iCloud* bringt Ihnen zunächst den Vorteil eines *Backups*. Weiterhin könnten Sie weitere Geräte mit der gleichen Apple-ID und den gleichen iCloud-Einstellungen versehen, um Daten automatisch synchronisieren zu lassen. Das ist besonders im Fall von Erinnerungen, Kontakten oder auch Kalendereinträgen extrem nützlich. Aber Ihre iCloud kann noch einige Dinge mehr für Sie tun.

Mein iPad suchen

Aktivieren Sie auf Ihrem iPad die Funktion *Mein iPad suchen* in den iCloud-Einstellungen.

 Des Weiteren müssen Sie in **Mail, Kontakte, Kalender** bei **Datenabgleich Push** eingetragen haben.

Sind diese beiden Voraussetzungen gegeben, können Sie Ihr nicht mehr auffindbares oder schlechtestenfalls gestohlenes iPad über das Internet ausfindig machen. Besuchen Sie dazu die Internetseite *www.icloud.com* und geben dort Ihre Apple-ID ein. Wählen Sie dann den Eintrag *Mein iPhone suchen*. Obwohl dieser Eintrag vom Namen her auf das iPhone reduziert scheint, ist dies auch in der Lage, Ihr iPad ausfindig zu machen.

Das iPad konnte lokalisiert werden.

Via *Ton abspielen* bringen Sie einen Hinweiston auf Ihr iPad. Das ist besonders nützlich, sofern Sie Ihr iPad verlegt haben und aktuell nicht finden können. Über *Modus „Verloren"* bzw. *iPad löschen* können Sie eingreifen, wenn Ihr iPad verloren gegangen sein sollte. *Modus „Verloren"* gibt dem ehrlichen Finder die Chance, Sie unter einer Telefonnummer zurückzurufen und die Übergabe des iPads in die Wege zu leiten. Weiterhin geben Sie einen Code an, um das iPad zu sperren, damit keine andere Person Ihr iPad nutzen kann.

Führt die Eigenschaft „Modus ‚Verloren'" nicht zu dem gewünschten Resultat, dann bleibt via „iPad löschen" nur die Eigenschaft, das iPad auf den Auslieferzustand zurückzusetzen.

Sobald Sie „iPad löschen" bestätigen, ist Ihr iPad nicht mehr für die Suchfunktion zugänglich, denn mit dem Löschvorgang wird auch Ihre Apple-ID vom Gerät genommen.

Backup

Im Normalfall verfügt Ihre iCloud über fünf Gigabyte Datenvolumen. Diese fünf Gigabyte können Sie dazu nutzen, um von Ihrem kompletten iPad eine Sicherungskopie in der iCloud-Datenwolke zu erstellen. Gehen Sie hierfür zu *iCloud –> Speicher & Backup* und aktivieren Sie *iCloud-Backup.*

Über das iCloud-Backup wird eine Sicherungskopie Ihres Geräts im Internet vorgenommen.

Sollten Sie nun ziemlich viele Daten und Apps auf Ihrem iPad haben, dürften fünf Gigabyte dazu wohl nicht ausreichen. Aber bedenken Sie bitte, dass bei der Sicherungskopie zum Beispiel keinerlei Apps in die iCloud übertragen werden. Ebenso fallen gekaufte E-Books oder Musik aus der Datenmenge heraus. Diese Daten sind ja mit Ihrer Apple-ID verlinkt, was heißt, dass das Gerät sich natürlich Ihre Apple-ID notiert und welche Medien über diese Apple-ID in den verschiedenen Stores gekauft wurden. Stellen Sie ein Gerät wieder her (Sie erinnern sich an die Installation des Geräts in Kapitel 1), genügt der Eintrag Ihrer Apple-ID und Ihrer iCloud-Daten und sofort weiß Ihre iCloud, welche Elemente Sie bereits bezogen hatten und lädt diese erneut auf das iPad herunter.

Die Backup-Funktionalität ist also durchaus empfehlenswert, um eine Sicherungskopie all Ihrer Daten in der Internetwolke zu erstellen. Besonders nützlich ist es, wenn Sie sich ein neues Gerät anschaffen. So können Sie bereits bei der Installation mit Ihrer Apple-ID und den iCloud-Daten das neue Gerät exakt so einrichten, wie das bestehende Gerät aussah.

Internetseite iCloud.com

Bei der Eigenschaft, Ihr iPad über das Internet ausfindig zu machen, haben Sie bereits gesehen, dass viele Daten Ihres iPads ebenso über die Internetseite iCloud.com zur Verfügung stehen.

Sie können über die Internetseite auf viele Informationen Ihres iPads zugreifen.

Dies ist besonders dann interessant, wenn Sie einmal ohne iPad unterwegs sind. Denn die Internetseite können Sie von jedem beliebigen Computer weltweit aufrufen und so auf wichtige Daten zurückgreifen, die auf Ihrem iPad hinterlegt sind. Sie sehen, dass Sie sowohl auf den Kalender als auch auf Notizeneinträge, Kontakte, Erinnerungslisten und auch Ihre E-Mails Zugriff haben.

 Im Bereich **Mail** werden Sie nur die E-Mails Ihrer Apple-ID finden und keine weiteren auf Ihrem iPad hinterlegten E-Mail-Adressen.

Das Schöne aber ist, dass Sie über die Internetoberfläche die Daten nicht nur begutachten, sondern auch neue Einträge erstellen bzw. bestehende Einträge modifizieren können. Gehen Sie beispielsweise in den Bereich *Kalender*, um dort neue Termine von unterwegs aus einzutragen. Durch die Synchronisation mit Ihrem iPad sind die Termine bereits dort angekommen, wenn Sie wieder zu Ihrem Gerät zurückkehren.

Aber damit nicht genug: Die Internetseite bietet noch einige weitere Funktionen, die es teilweise auf dem iPad gar nicht gibt, wie zum Beispiel das Freigeben von Erinnerungslisten.

Erinnerungslisten freigeben

Loggen Sie sich also über iCloud.com ein und tippen auf den Button *Erinnerungen*. Fahren Sie dann mit Ihrer Maus auf das *Freigabe*-Icon neben einer Erinnerungsliste.

Ähnlich wie Sie es vorher auf dem iPad gesehen haben, können Sie nun in den Freigabe-Einstellungen E-Mail-Adressen hinzufügen und die Teilnehmer bekommen dann auf Ihren iPads, iPhones und Mac-Rechnern diese Erinnerungslisten automatisch eingeblendet.

 Das Ganze klappt wieder nur mit Anwendern, die ebenfalls über eine Apple-ID verfügen.

Die so freigegebenen Erinnerungslisten sind für die anderen Teilnehmer editierbar. Sprich, diese können wie Sie neue Einträge hinzufügen, Einträge ändern bzw. Einträge aus den Listen entfernen.

Erinnerungslisten können für mehrere Teilnehmer gleichzeitig freigegeben werden.

Bei den anderen Teilnehmern erscheint diese Erinnerungsliste in deren Programm *Erinnerungen* sowohl auf dem iPhone und iPad als auch auf dem Mac-Computer im Programm Erinnerung und klinkt sich dort wie eine neue Liste ein.

Genauso können Sie übrigens über die Internetseite auch Kalenderinformationen freigeben bzw. freigegebene Kalenderinformationen nachträglich editieren.

Fotostream komplett löschen

Auf dem iPad oder auch auf dem Computer können Sie Bilder markieren und so aus dem Fotostream entfernen. Befinden sich darin aber sehr viele Bilder (maximal 1.000 sind möglich), ist es doch etwas beschwerlich, diese rasch aus dem Fotostream zu entnehmen. Über die Internetoberfläche ist das Zurücksetzen des Fotostreams sehr einfach.

Bevor Sie den Fotostream löschen, sollten Sie die Bilder in Sicherheit bringen. Verwenden Sie einen Mac-Computer, dann ziehen Sie die Bilder aus dem Fotostream in andere Ereignisse oder Alben. Auf dem iPad sollten Sie die Bilder aus dem Fotostream in andere Alben übernehmen, sofern Sie auf diese Bilder noch Zugriff haben möchten.

Wollen Sie den Fotostream löschen, klicken Sie auf Ihren Namen innerhalb der Webseite iCloud.com und gehen über *Erweitert*, um die Aktion *Fotostream zurücksetzen* auszuwählen.

Über die Internetseite kann Ihr kompletter Fotostream mit einem Mausklick geleert werden.

Mitteilungszentrale

Auch die Internetseite verfügt über eine eigene Mitteilungszentrale, die konfiguriert werden kann. Diese ist im Funktionsumfang nicht so mächtig, wie Sie es von Ihrem iPad, iPhone oder auch Mountain-Lion-Rechner kennen. Jedoch sind einige Einstellungen möglich. Um an diese Einstellungen zu kommen, klicken Sie auf Ihren Namen und anschließend auf *Benachrichtigungen*.

Auch die Internetseite iCloud.com verfügt über eine eigene Mitteilungszentrale.

Sofern Sie längere Zeit eingeloggt sind, werden Sie also automatisch von dieser Mitteilungszentrale über Neuerungen informiert. Und dies passiert, wie Sie es auch von Ihrem iPad gewohnt sind, indem am oberen Bildschirmrand Informationen eingeblendet werden.

Sie sehen also, dass die Verwendung der kostenlosen iCloud von Apple viele nützliche Funktionen beinhaltet. Die iCloud ist bis zur Verwendung von maximal fünf Gigabyte an Daten kostenlos. Wollen Sie mehr Speicher verwenden, so tippen Sie am iPad auf *Einstellungen –> iCloud –> Speicher & Backup* und dann auf *Speicherplan ändern*. Dort können Sie für relativ wenig Geld weiteren Speicherplatz erwerben.

AirPlay, AirPrint und Datenaustausch

AirPlay, AirPrint und Datenaustausch

Einige Informationen dazu habe ich Ihnen im Lauf des Buchs schon gegeben. An der Stelle möchte ich nun alles noch einmal zusammenfassen und komprimiert und übersichtlich zur Verfügung stellen.

AirPlay

Sie erinnern sich: AirPlay ist eine sehr einfache Möglichkeit, um drahtlos Ihren iPad-Bildschirm über das Apple-TV-Gerät an den HDTV zu übergeben.

Voraussetzungen hierfür sind:

- Gerät Apple-TV
- WLAN-Netzwerk: Sowohl das iPad als auch Apple TV müssen sich im gleichen WLAN-Netzwerk befinden. Sodann ist der Zugriff auf das Apple-TV-Gerät sehr einfach möglich.

Das Apple-TV-Gerät meldet sich am iPad. Tippen Sie also auf den Eintrag „Apple TV" und aktivieren Sie die Bildschirmsynchronisation.

Fertig! Schon wird der Bildschirminhalt Ihres iPads eins zu eins auf den HDTV übertragen. Einige Apps haben den direkten Zugang zu Apple TV gleich eingebaut, wie zum Beispiel die App *Musik*.

In der rechten oberen Ecke der App Musik finden Sie direkt das Icon AirPlay.

Dabei ist Apple TV nicht das einzige Gerät, das per AirPlay Informationen bekommen kann. Es sind ebenso Lautsprecher und Soundanlagen verfügbar, die über eine AirPlay-Schnittstelle verfügen. Und so kann drahtlos von Ihrem iPad aus Musik ganz einfach auf diese Geräte übertragen werden. Achten Sie also beim Kauf darauf, ob die Geräte AirPlay-fähig sind. Auch die App *Videos* erlaubt direkt aus der App heraus das Auffinden von AirPlay-fähigen Geräten.

Die App „Videos" kann ebenfalls direkt AirPlay aufrufen.

> **!** Sie erinnern sich, dass Sie über die App **iTunes** Inhalte wie Filme, Musik etc. kaufen können. Diese gekauften Inhalte werden also in die Apps **Musik** bzw. **Videos** übertragen. Alternativ können Sie auch Daten von Ihrem Computer via iTunes auf Ihr iPad in die Applikationen **Musik** und **Videos** übernehmen.

AirPrint

Ähnlich wie AirPlay die Video- und Audioinformationen versendet, schafft es die Technologie AirPrint, Druckaufträge per WLAN an Drucker zu übersenden.

Voraussetzungen hierfür sind:

- Ein Drucker, der sowohl WLAN- als auch AirPint-fähig ist und ...
- ... der Drucker muss sich im gleichen WLAN-Netzwerk befinden.

Die größere Hürde dürfte es sein, AirPrint-fähige Drucker zu finden. Doch Apple hat hierfür eine Internetseite erstellt, auf der Sie eine Liste AirPrint-fähiger Drucker einsehen können.

Die Internetadresse lautet: *http://www.apple.com/de/support/iphone/assistant/airprint/*

Die Firma Apple hilft Ihnen, AirPrint-fähige Drucker zu finden.

Ist ein AirPrint-fähiger Drucker erst einmal angeschafft, gestaltet sich die Sache sehr einfach. Aus vielen Applikationen heraus kann nun ein Druckauftrag gestartet werden.

Safari kann über das Teilen-Feld auf AirPrint-fähige Drucker zugreifen.

Tippt man nun den Button *Drucken* an und anschließend die Eigenschaft *Drucker auswählen*, melden sich die AirPrint-fähigen Drucker im Netzwerk.

Der Drucker HP LaserJet Professional ist AirPrint-fähig und meldet sich im „Drucker"-Dialog.

Dieser ist nun auszuwählen. Anschließend kann noch definiert werden, wie viele Kopien ausgedruckt werden sollen und ein abschließendes Tippen auf den Button *Drucken* sendet den Druckauftrag ab.

Neben dem Programm *Safari* können Sie ebenfalls aus folgenden Programmen heraus drucken:

- *Notizen*
- *Mail*
- *Fotos*
- *iBooks* (aber nur PDF-Dateien)

Außerdem gibt es natürlich eine Reihe von weiteren Apps, die ebenfalls die Druckausgabe unterstützen und die Sie im App Store finden. Beispiele hierfür sind die Office-Programme aus dem Hause Apple, wie Pages, Numbers und Keynote.

Datenaustausch mit dem iPad

Im Prinzip haben wir durch die Aktivierung der iCloud-Funktionen bereits einen Datenaustausch konfiguriert, an dem Programme wie *Kontakte*, *Erinnerungen*, *Kalender*, *Notizen*, *Fotos* etc. teilnehmen. Aber vielleicht möchten Sie weitere Dateiformate von einem Computer mit Ihrem iPad austauschen. Es bieten sich vier grundsätzlich verschiedene Möglichkeiten an, um dies zu bewerkstelligen.

Via iCloud

Sicher haben Sie in den *Einstellungen –> iCloud* den Eintrag *Dokumente & Daten* bereits gesehen.

Über die iCloud können Dokumente ausgetauscht werden.

 Achten Sie darauf, dass Sie an einem iPad mit SIM-Karte die Funktion **Mobile Daten verwenden** deaktivieren. Denn sonst könnte es passieren, dass durch diesen Datenaustausch Ihr Surf-Kontingent rasch ausgeschöpft ist.

Ist die mobile Datenverwendung deaktiviert, erfolgt der Datenaustausch lediglich dann, wenn Ihr iPad sich in einem WLAN-Netzwerk befindet, was auch ratsam ist.

Welche Programme sind in der Lage, via *Dokumente & Daten* innerhalb der iCloud Daten auszutauschen? Nun, in erster Linie sind das die drei Apple-Programme Pages, Numbers und Keynote.

Die Office-Programme Keynotes, Numbers und Pages für das iPad arbeiten nahtlos mit der iCloud zusammen.

Jedes Dokument, das Sie innerhalb einer dieser drei Applikationen erstellen, wird unmittelbar in die iCloud übertragen. Sollte das nicht standardmäßig funktionieren, so könnte es sein, dass die Funktion deaktiviert ist.

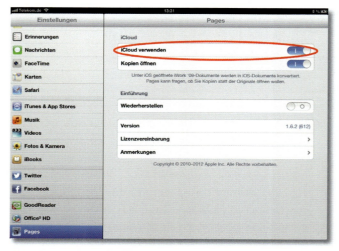

Die Verwendung der iCloud kann in den Programmen Pages, Numbers und Keynote aktiviert werden.

Dazu finden Sie in den Einstellungen der drei Programme jeweils einen eigenen Eintrag. Achten Sie darauf, dass die Eigenschaft *iCloud verwenden* aktiv ist. Weiterhin gibt es einige andere Apps diverser Hersteller, die ebenfalls über die iCloud Daten abgleichen können. Prüfen Sie vor dem Kauf einer App in der Beschreibung im App Store, ob diese Funktion zur Verfügung gestellt wird.

Dateiaustausch via E-Mail

Besonders bequem ist es, Dateien, die von einem Computer bearbeitet wurden, durch das Anhängen an eine E-Mail auf das iPad zu übertragen. Wie bereits in Kapitel 6 gesehen, werden dabei größere Dateien zunächst nicht auf das iPad heruntergeladen. Sobald diese sich aber auf dem iPad befinden, kann man durch Antippen die Datei-Anhänge in der Mail-eigenen Übersicht öffnen. Deutlich übersichtlicher und eleganter ist die Eigenschaft, etwa zwei Sekunden auf den Dateianhang zu tippen, um danach zu entscheiden, mit welchem Programm diese Datei geöffnet werden soll.

Entscheiden Sie, mit welchem Programm die angehängte Datei bearbeitet werden soll.

Wie bereits erwähnt, hängt die Anzahl der dort eingeblendeten Icons davon ab, welche Apps Sie auf Ihrem iPad installiert haben und welche Apps mit welchen Dateiformaten arbeiten können. Möchten Sie erneut Dateien per E-Mail-Anhang versenden, so bieten die meisten Programme dies innerhalb ihrer Programmfunktionen an.

Das Bildschirmfoto zeigt die Weitergabe eines Pages-Dokuments.

Im Programm Pages, aber auch in Keynote und Numbers kann durch Antippen des Schraubenschlüssel-Icons und via *Freigabe & Drucken* die Funktion *Per E-Mail senden* aufgerufen werden.

Abhängig vom verwendeten Programm stehen verschiedene Dateiformate zum Versand zur Verfügung.

Pages bietet den Versand von Word-, PDF- und Pages-Dateien an.

Entscheiden Sie sich für das entsprechende Dateiformat. Und sogleich wird diese Datei als E-Mail-Anhang an das Programm *Mail* übergeben und eine neue E-Mail-Nachricht geöffnet. Ergänzen Sie diese mit dem Empfänger, dem Betreff und eventuell noch einem weitergehenden Text und senden Sie die Datei als E-Mail-Attachment an den oder die Empfänger.

Datenaustausch über weitere Apps

Im App Store tummeln sich eine Reihe nützlicher Helferprogramme, die den Datenaustausch vom iPad zu anderen Systemen deutlich erleichtern. Die vielleicht am meisten genutzte App ist *Dropbox*. Die *Dropbox*-App finden Sie im App Store als kostenlose App zum Download.

Die Dropbox-App ist für das iPad kostenlos.

Über die Dropbox erhalten Sie, ähnlich wie bei iCloud, ein Datenvolumen im Internet, auf das Sie per WLAN ganz einfach zugreifen können. Installieren Sie die Dropbox-App ebenfalls auf Ihrem Computer, um den gleichen Datenbestand sowohl auf dem iPad als auch auf dem Computer vorrätig zu haben. Für die Dropbox sind, genauso wie für die iCloud, eine E-Mail-Adresse und ein Kennwort notwendig. Hinterlegen Sie die identischen Daten auf den Zweit- oder Drittgeräten, um reibungslos Daten austauschen zu können.

Die Dropbox wurde erfolgreich installiert und enthält bereits eine Reihe von Daten.

Sie sehen anhand des Bildschirmfotos, dass die Dropbox auch eine inkludierte Dateivorschau erhält. Wir betrachten also aktuell eine Excel-Datei. Über das *Teilen*-Feld im rechten oberen Eck kann diese Excel-Datei nun aus der Dropbox heraus, beispielsweise per E-Mail, versendet werden. Haben Sie am iPad eine App, mit der Sie Dateien erzeugen, und möchten diese Datei nun zur Dropbox übergeben, dann funktioniert auch das. Ich verwende das Programm *Pages* der Firma Apple. Und ich gehe wieder über die Eigenschaft *Werkzeuge –> Freigabe & Drucken*, wähle aber diesmal die Eigenschaft *In anderer App öffnen* aus.

Aus vielen Apps heraus kann man die Daten direkt an die Dropbox übergeben.

Ich wähle zunächst das Dateiformat aus, tippe anschließend auf *App auswählen* und erhalte die Dropbox-App als eine der möglichen Auswahloptionen. Sobald sich die Datei in Ihrer Dropbox befindet, wird diese mit Ihrem Online-Speicher bei Dropbox abgeglichen und befindet sich damit auch im Internet.

Und so können Sie von einem Computer aus ebenfalls darauf zugreifen und die Datei dort weiter bearbeiten. Wie aber muss man vorgehen, wenn man eine Datei vom Computer aus in die Dropbox gelegt hat und diese dann am iPad, zum Beispiel in Pages, bearbeiten möchte? Nun, auch das ist ganz einfach.

Eine Microsoft-Word-Datei wird an das Programm Pages übergeben.

Sie sehen im Dropbox-Programm ganz rechts oben ein Icon , unter dem sich zwei Funktionen befinden, nämlich *Drucken* und *In Folgendem öffnen*. Tippen Sie auf *In Folgendem öffnen*, erhalten Sie die im vorigen Bildschirmfoto gezeigte Darstellung. Ein anschließendes Tippen auf *In „Pages" öffnen,* bringt das Dokument in das Programm Pages, um es dort bearbeiten zu können. Nach der abschließenden Bearbeitung in Pages kann es über die dortigen Werkzeuge wieder in die Dropbox zurückgelegt werden.

Neben dem Programm Dropbox gibt es eine ganze Reihe weiterer Apps, die ähnliche Funktionen anbieten. Bekannt und häufig im Einsatz sind hierbei die Applikationen *GoodReader* oder auch *Air Sharing* bzw. *Air Sharing HD*. Die letzteren beiden Programme haben die sehr angenehme Eigenschaft, dass man darüber direkt auf Server zugreifen kann.

Air Sharing erlaubt den Zugriff auf Server via
„FTP" oder „WebDAV" etc.

Der Vorteil im Vergleich zur Dropbox ist, dass damit Ihre Datei auf Ihrem bestehenden Ablagesystem liegen bleiben kann. Das heißt, um die Dropbox verwenden zu können, müssen Sie die Datei in die Dropbox bewegen, um Sie anschließend aus der Dropbox wieder zum iPad zu bewegen. Und ist die Datei auf dem iPad geändert worden, haben Sie den umgekehrten Weg einzuschlagen. Mit Lösungen wie *GoodReader* oder *Air Sharing* können Sie die Datei auf Ihrem System liegen lassen, direkt vom iPad darauf zugreifen, die Datei herunterladen, bearbeiten und in einem Arbeitsprozess wieder zurücklegen. Sie sparen sich also einige Zwischenschritte.

> **!** Die Apple-Programme Pages, Keynote und Numbers verfügen über die Möglichkeit, direkt auf WebDAV-Server zuzugreifen. Tippen Sie dazu in diesen drei Programmen in der Dokumentenübersicht auf das + und dann auf den Eintrag **Von Web-DAV kopieren**.

Pages, Numbers und Keynote können direkt auf WebDAV zugreifen.

Datenaustausch via Dateifreigabe in iTunes

Sobald Sie das iPad per USB-Kabel mit *iTunes* am Computer verbunden haben, erscheint das Gerät in der Mediathek-Spalte. Dort angeklickt erscheinen rechts daneben verschiedene Reiter wie *Übersicht*, *Infos* und eben auch *Apps*. Klicken Sie den Begriff *Apps* an und scrollen gegebenenfalls ein wenig nach unten, so dass Sie die *Dateifreigabe* sehen.

Die Dateifreigabe erlaubt den Datenaustausch mit dem iPad.

In der Spalte *Apps* reihen sich alle Programme des iPads ein, die mit dem Computer nun Dateien austauschen können. Via *Hinzufügen* wird eine Datei dann auf das iPad in die dazugehörige App geladen. *Sichern unter* hingegen kann von einem Dokument auf dem iPad eine Version für den Computer abspeichern.

Klicken Sie abschließend auf *Synchronisieren*, um die Übertragung zu starten. Diese kann per USB-Kabel oder WLAN stattfinden. Gleich gibt's dazu mehr Input.

iTunes

Zugegeben, der Datenaustausch durch Apps oder auch per E-Mail macht dann Sinn, wenn es nur einige wenige Daten sind, die auf das iPad transferiert werden müssen. Soll jedoch eine ganze Fülle an Informationen übertragen werden, dann ist der Weg über iTunes einfach unschlagbar gut. Nehmen wir an, Sie haben bereits einen Computer und dort eine Vielzahl von Fotos, die nun auf das iPad gelangen sollen.

Vor dem ersten Datenabgleich sind einige Grundeinstellungen zu erledigen.

Schließen Sie zunächst Ihr iPad über das mitgelieferte USB-Kabel an Ihren Computer an.

 Achten Sie darauf, dass Sie die aktuellste Version von iTunes auf Ihrem Computer installiert haben. Diese finden stets unter www.apple.com/de/itunes/.

Sobald Sie das Gerät angeschlossen haben, sehen Sie einen ersten Bildschirm, in dem Sie notwendige Grundeinstellungen vor dem Datenabgleich tätigen sollten.

- *Backup:* Sie erinnern sich, Sie können über die iCloud ein Backup Ihres iPads herstellen. Ebenso könnte es iTunes tun. Entscheiden Sie in der Kategorie *Backup*, welches Backup-Medium verwendet werden soll.

- *iTunes öffnen, wenn dieses iPad angeschlossen wird:* Sobald Sie diese Funktion aktivieren, wird iTunes immer starten, wenn per USB-Kabel das iPad mit Ihrem Rechner verbunden wird. Eine durchaus sinnvolle Funktion.
- *Mit diesem iPad über WLAN synchronisieren:* Wenn Sie es leid sind, ständig Ihr iPad per Kabel an Ihr Gerät anzuschließen, so sollten Sie diese Funktion aktivieren. Nun genügt es also, wenn das iPad und Ihr Computer sich im gleichen WLAN-Netzwerk befinden, um den Datenabgleich zu starten. Diesen können Sie sowohl von Ihrem Computer initiieren als auch am iPad starten. Am iPad verwenden Sie hierzu *Einstellungen –> Allgemein –> iTunes-WLAN-Sync* und tippen anschließend auf *Jetzt synchronisieren*.

Auch am iPad kann die drahtlose Synchronisation aktiviert werden.

- *Musik und Videos manuell verwalten:*
  Wenn Sie die manuelle Verwaltung dieser beiden Bereiche aktivieren, können Sie aus Ihrer Musik- und Videosammlung einfach per Drag & Drop auf das iPad entscheiden, welche Medien übertragen werden sollen.

8

Welche Daten können von Ihrem Computer aus auf das iPad übertragen werden?

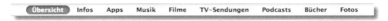

Der Computer kann eine ganze Fülle von Informationen in einem Rutsch an Ihr Gerät weitergeben.

Wollen wir die einzelnen Möglichkeiten noch etwas detaillierter beleuchten.

- *Infos:* Im Bereich *Infos* können Sie Ihre Adressbuchdaten, Ihre Kalenderdaten, Ihre E-Mail-Accounts und andere Informationen synchronisieren. Doch Sie erinnern sich: Hier ist der Einsatz von iCloud deutlich interessanter, weil Sie so eine permanente Synchronisation der Daten Ihres Computers via Internet mit dem iPad erreichen. iCloud ist also hier dem Datenabgleich von iTunes eindeutig vorzuziehen.

- *Apps:* Sie haben ja gesehen, dass Sie am iPad mit dem Programm *App Store* bequem Apps auf Ihr Gerät herunterladen können. Aber auch das Programm *iTunes* am Windows- oder Mac-Rechner kann Apps laden. Über den Datenabgleich *Apps* bringen Sie so am Computer geladene Apps auf das iPad.

- *Musik:* Sie können direkt am iPad mit dem Programm *iTunes* Musik kaufen und auf dem iPad innerhalb der Musik-App abspielen. Aber auch der Erwerb von Musik über den Computer ist möglich. Über den Bereich *Musik* werden also Musiktitel von Ihrem Computer auf das iPad übertragen.

- *Filme:* Hier verhält es sich genauso wie bei Musik. Auch der Computer erlaubt im *iTunes Store* den Kauf von Filmen, die dann auf das iPad kopiert werden können.

- *TV-Sendungen:* Entweder Sie kaufen Filmserien am iPad in der App *iTunes* oder am Computer über den *iTunes Store* und gleichen diese über iTunes mit dem iPad ab.
- *Podcasts:* Ebenso verhält es sich mit Podcasts. Auch diese können am Computer geladen und auf das iPad übertragen werden. Als Alternative haben wir bereits die Podcasts-App für das iPad besprochen.
- *Bücher:* Am iPad haben Sie ja die optionale kostenfreie Software *iBooks*, mit der Sie bequem im *iBookstore* einkaufen können. Der Computer erlaubt den Einkauf und anschließend via *iTunes* die Übertragung auf Ihr iPad.
- *Fotos:* Sofern Sie einen Mac besitzen, werden Sie Ihre umfangreiche Bild- und Fotosammlung mit *iPhoto* verwalten. Über den Bereich *Fotos* können Sie entscheiden, welches Bildmaterial auf das iPad übertragen wird. Und umgekehrt können Schnappschüsse und aufgezeichnete Videos vom iPad auf den Computer übertragen werden.

> **!** Wenn Sie am Computer Apps, Musikstücke, Filme, E-Books etc. kaufen, dann achten Sie bitte unbedingt darauf, dass Sie diese Dinge mit der gleichen Apple-ID erwerben, die auf dem iPad hinterlegt ist. Die Apple-ID können Sie in iTunes im Menüpunkt **Store** eintragen und spezifizieren.

Der Computer (oben) und das iPad (unten) sollten die gleichen Apple-ID-Einstellungen haben.

Denn nur damit ist gewährleistet, dass am Computer gekaufte Musikstücke auf dem iPad abgespielt werden können und umgekehrt.

 Vielleicht erinnern Sie sich noch an die Funktion der automatischen Downloads. Diese Fähigkeit beherrscht auch iTunes.

iTunes kann ebenso „Automatische Downloads" durchführen.

Damit ersparen Sie sich erneut die Verbindung von iPad und Computer per USB-Kabel oder per WLAN. Werden also auf dem iPad neue E-Books geladen, wird der *Automatische Download* an iTunes am Computer durchgeführt und die E-Books werden in die Mediathek eingebracht. Ebenso verhält es sich mit Musik und mit Apps. Und umgekehrt werden mit iTunes gekaufte Apps so zeitgleich auf Ihr iPad und möglicherweise weitere Geräte heruntergeladen.

iTunes und Privatfreigabe

Neben der Übertragung der Daten via iTunes können Sie zudem am iPad direkt auf Ihre iTunes-Musik bzw. -Filme drahtlos zugreifen. Voraussetzung hierfür ist,

- dass Computer und iPad sich im gleichen WLAN-Netzwerk befinden,
- am Computer in iTunes die *Privatfreigabe* mit einer Apple-ID aktiviert wird
- und am iPad in den *Einstellungen* –> *Musik* bzw. –> *Videos* die gleiche Apple-ID hinterlegt ist.

Um iTunes dazu zu bewegen, die Mediathek per WLAN zur Verfügung zu stellen, starten Sie das Programm am Computer und gehen zu *Erweitert –> Privatfreigabe aktivieren* und tragen Ihre Apple-ID ein.

iTunes am Mac- oder Windows-Computer stellt die Daten zur Verfügung.

Die gleiche Apple-ID ist nun am iPad in den *Einstellungen* noch zu hinterlegen.

Am iPad ist in Musik oder Videos die gleiche Apple-ID bei Privatfreigabe zu hinterlegen.

Über die identische Apple-ID an beiden Geräten findet die Autorisierung statt. Damit sind nun alle Einstellungen erledigt und Sie können z. B. die App *Videos* auf dem iPad starten und finden dort unterhalb der Uhrzeit den Button *Freigaben*. In der *Musik*-App tippen Sie auf Weitere und dann auf Freigaben und dort erscheint erneut die Mediathek des Computers.

Die App Musik greift auf die Lieder des Computers zu.

 Den Namen der Mediathek kann man am Computer in den iTunes-Einstellungen (Mac: **iTunes –> Einstellungen**, Windows: **Bearbeiten –> Einstellungen**) im Reiter **Allgemein** bei **Mediathek-Name** eintragen.

Gratulation!

Damit sind Sie am Ende dieses Buches angekommen. Ich hoffe, Sie hatten Spass und konnten viel Neues lernen. Gerne freue ich mich über Ihr Feedback, das Sie ganz einfach per E-Mail an *info@amac-buch.de* senden können.

Und: Besuchen Sie unsere Verlags-Internetseite unter *www.amac-buch.de*. Dort halten wir Sie stets über unsere Neuerungen auf dem Laufenden.

Ihr Anton Ochsenkühn

Index

Index

Weitere interessante Bücher
rund um das Thema Apple, iPad und iPhone finden Sie
unter www.amac-buch.de